T0198571

Das Ich kann!-Prinzip

Alexander Hüttner

Das
Ich kann!-
Prinzip

Wie die Balance zwischen
Tun und Lassen gelingt

 Springer

Alexander Hüttner
Öhringen, Deutschland

ISBN 978-3-658-13214-9   ISBN 978-3-658-13215-6 (eBook)
DOI 10.1007/978-3-658-13215-6

Die Deutsche Nationalbibliothek verzeichnet diese Publikation in der Deutschen
Nationalbibliografie; detaillierte bibliografische Daten sind im Internet über http://
dnb.d-nb.de abrufbar.

Springer
© Springer Fachmedien Wiesbaden 2017
Das Werk einschließlich aller seiner Teile ist urheberrechtlich geschützt. Jede
Verwertung, die nicht ausdrücklich vom Urheberrechtsgesetz zugelassen ist,
bedarf der vorherigen Zustimmung des Verlags. Das gilt insbesondere für
Vervielfältigungen, Bearbeitungen, Übersetzungen, Mikroverfilmungen und die
Einspeicherung und Verarbeitung in elektronischen Systemen.
Die Wiedergabe von Gebrauchsnamen, Handelsnamen, Warenbezeichnungen
usw. in diesem Werk berechtigt auch ohne besondere Kennzeichnung nicht zu der
Annahme, dass solche Namen im Sinne der Warenzeichen- und Markenschutz-
Gesetzgebung als frei zu betrachten wären und daher von jedermann benutzt
werden dürften.
Der Verlag, die Autoren und die Herausgeber gehen davon aus, dass die Angaben
und Informationen in diesem Werk zum Zeitpunkt der Veröffentlichung vollständig
und korrekt sind. Weder der Verlag noch die Autoren oder die Herausgeber
übernehmen, ausdrücklich oder implizit, Gewähr für den Inhalt des Werkes, etwaige
Fehler oder Äußerungen.

Gedruckt auf säurefreiem und chlorfrei gebleichtem Papier

Springer ist Teil von Springer Nature
Die eingetragene Gesellschaft ist Springer Fachmedien Wiesbaden GmbH

Gott, gib mir die Gelassenheit, Dinge hinzunehmen, die ich nicht ändern kann, den Mut, Dinge zu ändern, die ich ändern kann, und die Weisheit, das eine vom anderen zu unterscheiden.

„Gelassenheitsgebet" nach
Reinhold Niebuhr

Für Caroline

Danksagung

Danke an meine Eltern, die mir das Leben schenkten. Manchmal grüßt der Himmel mit Gewitterregen, manchmal frohlockt die Welt mit Sonnenschein. Es könnte nicht schöner gemischt sein!

Danke an Heiner Kaut-Otterbein für das Gedankengut, für die Korrekturen, für den schöpferischen Mut.

Danke an Bärbel Yamine und Tobias Berger für die Offenheit, die intensiven Gespräche, die gemeinsame Zeit.

Danke an Kai Ullrich, Tobias Redecker, Sebastian Petzer und auch Maximilian Bienek zählt hier dazu. Kritische Auseinandersetzungen und hilfreiche Tipps befreiten das Prinzip aus seinem Kinderschuh.

Danke an Lea Rebstock für diese Idee: Aus einem Tropfen wurde ein See.

Inhaltsverzeichnis

1

Das Ich

*Gib jedem Tag die Chance, der schönste deines
Lebens zu werden.*

Mark Twain

Einleitung

Dieses Buch begleitet Sie auf Ihrer Reise in ein glückliches,
erfolgreiches und erfülltes Leben. Es möchte Ihnen eine
Anleitung sein, um all das zu ändern, was Sie ändern können. Gleichzeitig soll es Sie dabei unterstützen, unnötigen
Ballast abzuwerfen, damit Sie mit Leichtigkeit Ihren Weg
fortsetzen und Ihre Ziele verwirklichen können.

Doch wofür steht dieses „Sie"? Was macht Sie zu Ihrer
Person? Was unterscheidet Sie von anderen Personen?

© Springer Fachmedien Wiesbaden 2017
A. Hüttner, *Das Ich kann!-Prinzip,*
DOI 10.1007/978-3-658-13215-6_1

Da sich das gesamte Buch immer wieder mit Ihrer Person, oder – allgemein gesprochen – dem *Ich* befasst, soll zu Beginn darauf eingegangen werden, wie dieses Ich in diesem Buch interpretiert wird; was zu diesem Ich gehört und wodurch es definiert ist.

Basisemotionen

> Die Welt dreht sich zu langsam, um Gefühle zu missachten.
> Doch viel zu schnell, um sie zu verstehen.

Der erste wesentliche Aspekt des Ichs sind die Basisemotionen. Das sind jene Emotionen, auf die sich eine Vielzahl der verschiedensten Emotionen zurückführen lassen. Sie sind jedem Mensch zu eigen und wir erleben sie immer wieder neu. Auf diesem Gebiet wurde in der ganzen Welt Forschung betrieben und man war sich über die Anzahl und die Emotionen selbst nicht immer ganz einig. Dennoch lässt sich feststellen, dass sich die von Ekman (1982) postulierten sechs Emotionen überwiegend durchgesetzt haben. Diese lauten: *Furcht, Freude, Ärger, Traurigkeit, Ekel* und *Überraschung*. Auch wenn Sie bislang nicht wussten, dass diese als „Basisemotionen" bezeichnet werden, so haben Sie sie sicherlich schon zuhauf am eigenen Leib erfahren.

Doch haben Sie diese auch immer im selben Maße zugelassen? Diesem hier vorgestellten Modell liegt die Annahme zugrunde, dass wir sehr gut daran tun, wenn wir die Emotionen zulassen, anstatt sie zu unterdrücken. Für unsere seelische Verdauung sei es wichtig, alle Emotionen zu spüren und zu erleben – die Emotionen nach außen hin zu zeigen, spiele eine untergeordnete Rolle. Das bedeutet, dass wir jedem unserer Gefühle den nötigen Raum geben, um sie alle zu empfinden und zu verarbeiten. Wenn wir glücklich sind, ist es meistens leicht, dieses Glück zu spüren, nach außen zu zeigen und es der Welt in Form eines Lachens zurückzugeben. Wie ist es aber mit Traurigkeit? Mit Ärger? Mit Furcht? Ich habe die Erfahrung gemacht, dass wir häufig nicht die Möglichkeit haben, den Ärger zuzulassen und ihn zu verarbeiten. Dies gilt insbesondere für Angestellte in Unternehmen, aber auch für Kinder in der Schule. Der soziale Rahmen lässt das Ausleben der Emotionen nicht zu: Denn Kollegen bzw. Mitschüler könnten verletzt werden. Der Schmerz lässt in vielen Fällen auch die Empfindungen von Ärger nicht zu – daher unterdrückt man ihn allzu gerne. Das führt zu einem Dilemma, für das wir eine Lösung finden sollten.

Kinder zeigen uns den Weg

Kinder im Vorschulalter spüren noch viel stärker in sich hinein, als es die meisten Erwachsenen tun. Sie verfügen über eine riesige Gefühlswelt, die sie auch spontan zulassen können – der Verstand und die Vernunft spielen deshalb nur eine untergeordnete Rolle. Doch mehr und mehr erschweren wir den Kindern, diesen Weg auch konsequent zu gehen: Wenn sie weinen, wollen wir sie mit einem Eis ablenken, wenn sie wütend sind, drohen wir mit Strafen, wenn sie ängstlich sind, versuchen wir sie zu beruhigen. Doch warum kämpfen wir Erwachsenen gegen diesen gesunden und natürlichen Mechanismus der Kinder an? Wir könnten die Kinder auch als Chance sehen: um von ihnen zu lernen, wie man mit den Emotionen umgehen sollte.

Eine Möglichkeit wäre beispielsweise, die Gefühle kurzfristig zu „verschleppen", um ihnen dann in einem angemessenen Rahmen nachzukommen. Ein Schüler, der eine mächtige Wut im Bauch hat, könnte der Wut nachmittags auf dem Spiel- oder Fußballplatz nachspüren und sie verarbeiten, natürlich ohne dabei anderen weh zu tun. Ein Angestellter könnte seinen Ärger im Fitnessstudio abbauen oder die Energie nehmen, um den Garten umzugraben. Dies kann in vielen Situationen sehr schwerfallen und einem manchmal unmöglich erscheinen, doch jedes Gefühl, das nicht zugelassen wird, wird unterdrückt. Ein Psychiater hatte mir einst mitgeteilt, dass er in seinen vielen Berufsjahren folgende Erkenntnis für sich gewinnen konnte: *Jede Emotion, die wir unterdrücken oder zu unterdrücken versuchen, kommt (auf noch so seltsame Weise) wieder und wieder an die Oberfläche. Nicht selten sei es dann schlimmer als zuvor.*

> **Merksatz**
> Alles, was wir zu unterdrücken versuchen, kehrt zu uns zurück.

Manche mögen hier vielleicht einwenden, dass es sicherlich gut ist, Freude auszuleben, aber dass das Zulassen von „schlechten" Emotionen wie Ärger und Furcht doch eher negative Folgen haben könnte. Es ist richtig: Durch das rücksichtslose Ausleben unserer Gefühle können andere Schaden nehmen, das gilt es, in jedem Falle zu verhindern. Diese Rücksichtnahme vorausgesetzt, ist diesem Einwand

Zweierlei zu entgegnen: Dass ich Abstand davon nehmen möchte, Emotionen in „gut" und „schlecht" einzuteilen – für mich ist Freude nicht „besser" als beispielsweise Furcht; wenngleich mich das Erleben von Freude mehr beglückt als das von Furcht. Dass aber auch Furcht sehr nützlich sein kann, stellt Furnham (2010) dar: Unter anderem werde man „sehr aufmerksam für bestimmte optische oder akustische Signale", zudem änderten sich „die Prioritäten und Ziele: Hunger, Durst und Schmerz werden unterdrückt, da es wichtiger ist, in Sicherheit zu gelangen".

Doch jede Emotion ist wichtig, denn sie dient laut Furnham beispielsweise auch der Kommunikation. „Menschen kommunizieren emotional: Sie zeigen ihre Emotionen durch Mimik, Änderungen des Tonfalls, Körperbewegungen und -haltung." Zudem gehe man davon aus, „dass nonverbale Kommunikation viel ausdrucksstärker ist als verbale, da sie ehrlicher und schwieriger zu verfälschen ist".

Ehrmann (2004) führt an, dass Wut und Aggression häufig als negative Gefühle bezeichnet würden, „weil sie auf Grund ihrer geballten Ladung im sozialen Zusammenhang schwer integriert werden können und auch enorme Schäden anrichten. Sie erfüllen jedoch auch eine wichtige Funktion: Sie dienen der Durchsetzung von Bedürfnissen und Ansprüchen wie auch dem Setzen und Verteidigen von Grenzen." Wir sehen, dass vermeintlich „schlechte" Emotionen auch „gute" Seiten an sich haben.

Der zweite Punkt liegt für mich darin begründet, dass eine Emotion die andere bedingt. Daher versuche ich, sie alle so anzunehmen, wie sie sind, und ihnen die gleiche Bedeutung beizumessen. Ich glaube daher, dass es wichtig ist, Emotionen wie Angst, Ärger und Ekel – immer das geeignete Umfeld vorausgesetzt – nachzukommen. Dadurch nehmen wir den Emotionen die Möglichkeit, sich anzustauen und wir kehren wieder und wieder in unsere Mitte, das *Ich*, zurück.

Suppression

Die Unterdrückung des emotionalen Verhaltens und Ausdrucks wird „Suppression" genannt und ist vielfach erforscht. Sven Barnow (2015), Professor an der Universität Heidelberg, geht der Frage nach, ob man Gefühle eher unterdrücken oder aber ausleben sollte. Er berichtet, dass Suppression manchmal nützlich sein kann. Werde sie aber regelmäßig eingesetzt, kann es zu negativen Konsequenzen kommen: „Personen, die häufig Emotionen unterdrücken, haben einen kleineren Freundeskreis und generell mehr körperliche Probleme im Vergleich zu Personen, die ihre Emotionen häufiger zeigen." Wir könnten zwar die Verhaltensweisen unterdrücken, nicht aber das Gefühl selbst. Der Versuch, beispielsweise das Gefühl von Angst zu reduzieren, bewirke meist das Gegenteil: Die Angst nehme zu.

Das bedeutet: Je mehr sich das *Erleben* und *Ausleben* der Gefühle entspricht, je mehr wir die Gefühle spüren und empfinden können, desto leichter wird es uns fallen, glücklich zu werden. Die Gefühle erscheinen mir sehr wichtig und daher werde ich im späteren Verlauf dieses Buches darauf zurückkommen (vgl. Kapitel Von Kopf bis Bauch). Bis zu diesem Punkt genügt es erst einmal, wenn Sie sich vergegenwärtigen, dass die Basisemotionen einen großen Teil unseres Ichs ausmachen und dass wir sie akzeptieren und zulassen sollten.

Fragen

- Woran denken Sie, wenn Sie an das Wort „Gefühl" denken?
- Welche der Basisemotionen würden Sie am liebsten unterdrücken?
- Welche übt am meisten Macht auf Sie aus?
- Können Sie Ihre Emotionen zulassen?

Atmung

> Der Atem heilt von innen (Paracelsus).

Auch die Atmung (griech. Odem, steht sowohl für *Atmung* als auch für *Seele*) ist ein bedeutungsvoller Baustein des Bauwerks „Ich", vielleicht sogar der wichtigste. Die Atmung hält uns nicht nur am Leben, nein, sie schenkte uns auch einst die Kraft für das Leben – und nimmt sie uns, wenn die Zeit gekommen ist. Atmen *ist* Leben. Anhand unserer Atmung können wir erfahren, in welchem Gefühlszustand wir uns befinden – ob wir gelassen oder gereizt sind, zufrieden oder unglücklich. Wenn Sie intensiv Ihren Atem wahrnehmen und sich auf ihn allein konzentrieren, stellen Sie möglicherweise fest, dass er an manchen Stellen wie von alleine fließt, an manchen Punkten aber stockt oder sogar schmerzt. Es ist auch interessant zu beobachten, ob das Ein- oder das Ausatmen leichter fällt. Gelingt es uns leichter, „Neues" aufzunehmen oder „Altes" abzugeben?

Zusammengenommen lässt sich sagen: Unsere Atmung ist ein Abbild unseres Lebens, die Atmung verkörpert das Leben, Kommen und Gehen in unaufhörlichem Wechsel. Jedes Ausatmen trägt schon das nächste Einatmen in sich, jedes Einatmen bedingt das Ausatmen. Sobald dieser Fluss unterbrochen wird, wird auch der Fluss des Lebens unterbrochen.

Atemmuster und Persönlichkeit

Nach Maurer (2004) drückt sich das Zurückhalten von Impulsen und Erfahrungen in Atemhemmungen aus. Er folgert daraus, dass die emotionale Persönlichkeit im Atemmuster sichtbar wird. Um sich selbst besser kennenzulernen, kann es also sehr hilfreich sein, den eigenen Atem genau zu beobachten. Was verrät er Ihnen? Können Sie bestimmte Muster erkennen?

Loew et al. (2009) haben die Wirkungen von Atemarbeit in Hinsicht auf Burnout-Prophylaxe bei Lehrerinnen und Lehrern untersucht und dabei festgestellt, dass aufgrund der Atemarbeit unter anderem innere Ruhe sowie Ausgeglichenheit zunahmen. Der Atem stellt also ein wichtiges Instrument dar, um dem Ich ein Geschenk der besonderen Art zu machen: ihm innere Ruhe und Zufriedenheit zu geben.

Nehmen Sie sich nun etwas Zeit und achten Sie ganz aufmerksam auf Ihren Atem. Was will er Ihnen sagen? Ist er fließend und leicht? Gerät er manchmal ins Stocken? Bereitet er Schmerzen? Strömt die Luft in den Bauch oder in den

Brustkorb? Die Brustatmung wird als „Arbeitstonus" verstanden, die Bauchatmung dient der Entspannung. Atmen Sie daher in den Bauch ein, und atmen Sie ein Lächeln aus.

Fragen

- In welchen Situationen atmen Sie ruhig?
- In welchen Situationen stockt Ihnen der Atem?
- Können Sie das Atmen genießen?
- Welcher Atemrhythmus passt zu Ihnen?

Körper

Unser Körper ist die Harfe unserer Seele (Khalil Gibran).

Auch der physische Körper zählt unweigerlich zum Ich. Wir leben darin, erkunden die Welt mit seiner Hilfe. Nach dem Motto „Du bist, was Du isst" ist eine ausgewogene, vollwertige Ernährung erforderlich, um den Körper gesund zu halten. Wie diese Ernährung en détail aussehen soll, darüber streiten Wissenschaftler auf der ganzen Welt. Rohkost? Low-Carb? Vegan? Paleo-Diät? Oder doch „Omas Küche"?

Mehr Einigkeit finden Sie, wenn Sie sich die Vorteile von sportlichen Betätigungen anschauen. Bewegung gilt als Wundermittel: Sie hält uns fit, kann vor Depressionen schützen, beugt Herzinfarkten vor, verbessert die Konzentration, reduziert Ängste und macht glücklich (vgl. Ratey und Hagerman 2009). Eine Mittagspause kann kaum sinnvoller gestaltet werden als mit einem langen Spaziergang unter freiem Himmel.

Welche Wohltat aber kann man seinem Körper schenken, wenn man nur wenig Zeit hat? Hier lautet der Tipp: Lächeln Sie! Der Sozialpsychologe Fritz Strack konnte nachweisen, dass sich ein lächelnder Gesichtsausdruck positiv auf die eigene Stimmung auswirkt – wenngleich dieser nur simuliert sein sollte (Strack et al. 1988). Indem Sie (wie die Teilnehmer der Studie) einen Stift zwischen die Zähne nehmen, werden Sie die positiven Gefühle leicht nachvollziehen können.

Nach der lateinischen Redewendung „Mens sana in corpore sano" (Juvenal, römischer Dichter des 1. und 2. Jahrhunderts) – „Ein gesunder Geist in einem gesunden Körper" – gilt es, auf Körper und Seele zu achten. Entsprechend geht es unserem Körper meist gut, wenn sich unsere Seele wohlfühlt. Die Balance zwischen Körper und Seele aktiviert unsere inneren Kräfte und hält uns gesund. Eybl (2015) beschreibt die körperlichen Folgen von seelischen Konflikten. Dabei fällt auf, dass nicht nur psychische, sondern auch körperliche Krankheiten mit unserem Seelenleben zusammenhängen. Es ist daher ratsam, nicht nur unserem Körper, sondern auch unserer Seele etwas Gutes zu tun, um gesund zu bleiben.

Merksatz

Um gesund zu bleiben, ist es nötig, auf Körper und Seele zu achten.

Wichtig ist, dass Sie sich in Ihrem Körper wohlfühlen, Sie ihn annehmen können, wenngleich er nicht das
Gesicht der „Woman of the Year" oder „Mr. 007" trägt.
Schauen Sie in den Spiegel und erfreuen Sie sich an diesem Anblick – denn er ist einzigartig! Nehmen Sie dieses
Lächeln mit, entdecken Sie die Welt und schenken Sie ihr
ein Lächeln zurück …

Fragen

- Können Sie sich mit Ihrem Körper identifizieren?
- Können Sie sich in Ihrem Körper wohlfühlen?
- Dient er Ihrer Seele als kraftspendender Ort?
- Wie sieht Ihr Lächeln aus? Finden Sie es heraus …

Worte und Gedanken

Achte auf Deine Gedanken, denn sie werden Worte.
Achte auf Deine Worte, denn sie werden Handlungen.
Achte auf Deine Handlungen, denn sie werden
Gewohnheiten.
Achte auf Deine Gewohnheiten, denn sie werden Dein
Charakter.
Achte auf Deinen Charakter, denn er wird Dein Schicksal
(aus dem Talmud).

Neben den Emotionen, der Atmung und unserem Körper bestimmen auch unsere Worte und Gedanken unsere
Person. Wenn wir auf unser *Ich* achten, heißt das, dass wir
auch auf unsere Worte und Gedanken achten. Die Arbeit

am Ich impliziert, Worte weise zu wählen und Gedanken in eine gewünschte Richtung zu lenken. Damit wir uns in unserer ganz eigenen Welt wohlfühlen, sollten wir im Einklang sein mit dem, was unserem Kopf und unserem Mund entspringt.

Wunderbare Welt

Nach Emoto (2010) beeinflusst unser Denken in jedem Augenblick die Welt. „Wenn wir erkennen, dass wir mit unseren Worten und Vorstellungen die Wirklichkeit erschaffen, so haben wir die Möglichkeit, eine Welt voll der wunderbarsten Dinge zu kreieren." Wenn Sie wie ich gerne in eine Welt der „wunderbarsten Dinge" eintauchen, dann nutzen Sie die Möglichkeit der Worte und Gedanken. Denken und sprechen Sie über *Ihre* wunderbare Welt, erschaffen Sie wunderbare Dinge – mit Ihren Worten und Gedanken. Sie beginnen damit im Kleinen, auf Ihr Ich einzuwirken – doch dieses *Kleine* wird große Auswirkungen haben, sofern wir Emoto Glauben schenken dürfen.

Doch was sollen wir unternehmen, wenn wir uns dabei ertappen, dass wir verwerfliche Gedanken hegen? Wie sollen wir vorgehen, wenn unsere Worte scharf und beleidigend sind? An wen sollen wir uns wenden, wenn uns die Reue überfällt?

Man sagt „Es ist noch kein Meister vom Himmel gefallen". Es braucht Übung, ehe wir Fortschritte sehen werden. Es braucht Zeit, bis wir die erwünschten Ergebnisse betrachten dürfen. Nehmen Sie sich die Zeit und üben Sie fleißig, dann werden Sie voranschreiten. Indes können Sie überlegen, weswegen Sie die Worte so wählten oder warum Ihnen diese Gedanken kamen. Was ist die Ursache? Gehen Sie dem auf den Grund, vielleicht werden Sie dann *Muster* erkennen. In diesen Mustern werden Sie möglicherweise wichtige Informationen über Ihr Ich erhalten – gehen Sie behutsam mit Ihnen um, Sie könnten Ihnen im Verlauf des Buches noch sehr nützlich sein.

Fragen

- Mit welchen Gedanken schlafen Sie abends ein?
- Mit welchen Gedanken wachen Sie morgens auf?
- Haben Sie ein Lieblingswort?
- Können Sie Muster erkennen?

Fazit: Das Ich

Es ist schön, dass Gutes so nah sein kann …

Ich habe auf den vorherigen Seiten das Ich nach meiner Auffassung beschrieben und versucht, es anschaulich zu machen – demnach wird es durch unsere Emotionen, unsere Atmung, unseren Körper sowie unsere Worte und Gedanken bestimmt. Wir haben gelernt, Gefühle anzunehmen, statt sie zu unterdrücken, eine auf uns zugeschnittene Atmung zu wählen, dem Gesicht ein Lächeln aufzusetzen und unsere geliebte Welt bereits in unseren Worten und Gedanken zu leben.

Sicherlich tragen zudem weitere Faktoren wie beispielsweise Wünsche, Einstellungen, Identität und Verhalten einen großen Teil zum Ich bei. Die Familie soll nicht unerwähnt bleiben, auch sie ist Teil unseres Ichs: Schließlich haben wir ihr unser Leben zu verdanken! Wenngleich diese Komponenten im vorliegenden Kapitel nicht ausreichend Beachtung fanden, so sind sie dennoch von großer Bedeutung. Das Bewusstsein für das Ich kann demnach durch folgende Fragen weiter geformt werden: Welche Einstellungen sind für Ihre Person untypisch? Womit identifizieren Sie sich, obwohl Sie es vielleicht gar nicht möchten? Welche Ihrer Verhaltensweisen schätzen Sie besonders?

Wir haben in diesem Kapitel eine Art „Bestandsaufnahme" durchgeführt. Da wir jetzt deutlicher erkennen können, wer wir sind, wollen wir mit dem „Projekt Ich-Bereich" beginnen.

Literatur

Barnow, S. (2015). *Gefühle im Griff! Wozu man Emotionen braucht und wie man sie reguliert* (Kapitel 12, S. 83). Heidelberg: Springer.

Ehrmann, W. (2004). *Handbuch der Atemtherapie* (Kapitel 3.1 Atmen und Grundgefühle). Ahlerstedt: Param.

Ekman, P. (1982). *Emotion in the human face: Guidelines for research and an integration of finding*. New York: Cambridge University Press.

Emoto, M. (2010). *Die Antwort des Wassers* (Bd. 1, S. 130). Burgrain: Koha.

Eybl, B. (2015). *Die seelischen Ursachen der Krankheiten*. Wien: Ibera.

Furnham, A. (2010). *50 Schlüsselideen Psychologie* (S. 60–63). Heidelberg: Spektrum Akademischer Verlag.

Loew, T., Götz, K., Hornung, R., & Tritt, K. (2009). Die AFA-Atemtherapie als Burnout-Prophylaxe bei Lehrerinnen und Lehrern. *Forschende Komplementärmedizin und Klassische Naturheilkunde, 16*(3), 174–179.

Maurer, Y. A. (2004). *Durch den Atem die Seele heilen. Ganzheitlich-integrative Atemtherapie für Gesunde, psychosomatisch und psychisch Kranke* (S. 35). Zürich: IKP.

Ratey, J. J., & Hagerman, E. (2009). *Superfaktor Bewegung: Bewegung hilft bei ADHS … Alzheimer … Diabetes …* Kirchzarten: VAK.

Strack, F., Martin, L. L., & Stepper, S. (1988). Inhibiting and facilitating conditions of the human smile: A nonobtrusive test of the facial feedback hypothesis. *Journal of Personality and Social Psychology, 54*(5), 768–777.

2

Ich-Bereich

Wer Großes versucht, ist bewundernswert, auch wenn er fällt.

Seneca

Einleitung

Sie haben soeben das *Ich* kennengelernt, welches unabdingbar für das Ich kann!-Prinzip ist. Im Folgenden erforschen Sie die zwei wesentlichen Bausteine dieser innovativen Methode: den „Ich-Bereich" und den „Nicht-Bereich". Das zweite Kapitel handelt vom Ich-Bereich. Um diesen zu beschreiben, bedarf es nicht viel: Denn der Ich-Bereich sind Sie.

© Springer Fachmedien Wiesbaden 2017
A. Hüttner, *Das Ich kann!-Prinzip*,
DOI 10.1007/978-3-658-13215-6_2

Was ist der Ich-Bereich?

> Es kommt nicht auf das an, was die Natur aus dem Menschen, sondern was dieser aus sich selbst macht (Immanuel Kant).

Diese Frage ist leicht zu beantworten: Das sind Sie. Sie, ganz allein Sie selbst, stellen Ihren Ich-Bereich dar. Darunter fallen Ihre Gefühle, Ihr Verstand, Ihre Atmung, Ihr Körper, Ihre Fähigkeiten und Fertigkeiten, aber auch Ihre Wahrnehmung, Ihre Erfahrungen, Ihre Sorgen und Bedürfnisse … Kurzum: Der Ich-Bereich steht für all jene Dinge, die Sie beeinflussen können, die Sie verändern können. Sie könnten zum Beispiel noch heute damit anfangen, eine neue Fremdsprache oder ein Instrument zu erlernen; Sie können auf der Stelle bestimmte Gefühle herbeiführen; Sie können Ihren Körper trainieren; Sie können vieles und noch vieles mehr!

Merksatz

Der Ich-Bereich steht für all jene Dinge, die Sie direkt beeinflussen können.

Wenn wir etwas verändern wollen, ist es hilfreich, zu wissen, was wir bereits haben, was wir bereits können, wo wir stehen. Hierzu müssen wir unsere Aufmerksamkeit dem Ich-Bereich schenken. Um diesen bewusster wahrzunehmen, können wir „in uns hineinhorchen". Welche Gefühle kommen auf? Welche Gedanken wandern im Kopf umher?

Schlummern in uns Träume, die wir bereits verdrängt haben? Welche Ziele verfolgen wir? Was heißt für uns Glück? Was wollten wir als Kind, was wollen wir jetzt?

In diesem Buch werden Sie lernen, was Sie beeinflussen können und was Sie nicht beeinflussen können. Sie sollen sich verstärkt auf das Ich fokussieren und das, was Sie bereits als Kind konnten und mit dem Älterwerden verlernt haben, dürfen Sie wieder erlernen: die Basisemotionen (vgl. Kap. 1 Das Ich) wieder die Basis Ihres Seins sein lassen, um dann festzustellen, wie wohltuend es sein kann, das Hauptaugenmerk auf Ihr Bauchgefühl, auf Ihr Herz, auf Ihre „innere Stimme" zu richten – Hand in Hand mit der Natur.

Sicherlich haben Sie schon reichlich Lebenserfahrung gesammelt und sind durch Eltern, Freunde oder Bekannte, durch Chefs oder Kollegen, durch bestimmte Ereignisse oder Situationen beeinflusst worden. Darum ist es wesentlich, zu erfahren, wie Ihr persönlicher Ich-Bereich aussieht, was Sie selbst – ohne die Beeinflussung Dritter – möchten und anstreben. Manchmal hegen wir Wünsche, die uns von Eltern übertragen wurden oder scheuen vor Situationen zurück, weil wir sie einst als „negativ" in unserem Gedächtnis abgespeichert haben. Wenn Sie Ihre „innere Stimme" wahrnehmen, versuchen Sie herauszufinden, ob es wirklich *Ihre* Stimme ist. Vielleicht sind Ihre kindlichen Wünsche näher an Ihrem Ich-Bereich als jene, die Sie aktuell hegen. Dann hilft es Ihnen, sich bewusst zu machen, was Sie als Kind besonders gern machten, wofür Ihr Herz blutete und welche Träume Sie sich damals ausmalten.

Häufig erlernen wir mit den Jahren, den Verstand einzusetzen und „vernünftig" zu sein. Doch das heißt nichts
anderes, als Gefühle, die aufkommen, zu unterdrücken,
impulsive Handlungen nochmals zu überdenken, und wo
immer wir nach dem Herzen und dem Bauchgefühl handeln würden, den Verstand schalten und walten zu lassen.
Ob uns das glücklich macht?

Der *Ich-Bereich* beinhaltet auch einen weiteren
Gesichtspunkt: die Gegenwart! Lediglich auf das Hier und
Jetzt können wir direkt Einfluss nehmen. Wir können die
Vergangenheit nicht ändern, und auch die Zukunft können wir nur bedingt beeinflussen. Zwischen diesen gibt es
nur das Hier und Jetzt – in diesem leben wir. Ich möchte
nicht verneinen, dass es in einigen Situationen sehr berei-
chernd sein kann, sich Gedanken über die Zukunft zu
machen oder Erlebtes nochmals nachzuempfinden. Doch
Änderungen von Verhalten, von Einstellungen, von Sicht-
und Denkweisen können nur im jeweiligen Augenblick
stattfinden. Einflussnahme und Veränderung sind bedeutende Bestandteile des Ich kann!-Prinzips. Im Ich-Bereich
zu leben heißt folglich, *jetzt* zu leben und *diesen Augenblick* zu nutzen.

Fragen

* Sind Sie glücklich?
* Ja? Dann können Sie versuchen, Dankbarkeit zu empfin-
den und zu zeigen.
* Nein? Dafür halten Sie ja dieses Buch in Ihren Händen.

Selbstliebe

Du: schöner geht nicht.

Wir haben einen kleinen Einblick in den Ich-Bereich erhalten. In diesem Rahmen möchte ich darauf eingehen, was den Ich-Bereich ausmacht: die Selbstliebe. Die Selbstliebe ist der Grundstein eines gesunden Ich-Bereichs und somit in meinen Augen die Voraussetzung, um das Glück dieser Welt intensiv erfahren zu können.

Mit Selbstliebe ist keineswegs Egoismus oder Arroganz gemeint. Selbstliebe bedeutet auch nicht, sich über andere zu stellen oder sich über diese hinwegzusetzen. Nein: Selbstliebe heißt lediglich, dass man sich selbst liebt. Wenn man das nicht tut, so beginnt man am besten in diesem Augenblick damit, sich selbst lieben zu lernen. Denn einer Sache dürfen wir uns sicher sein: Wir alle sind liebenswert. Er und sie und ich – und ganz besonders Sie.

Ein jeder von uns könnte wohl einige „schöne" und einige „unschöne" Aspekte an sich aufzählen. Manche Dinge an sich selbst mag man, andere nicht. Seien diese äußerlich oder innerlich: die Nase zu groß, das Haar zu dünn, ein schönes Lächeln, eine freundliche Stimme, eine ehrliche Haut oder ein sturer Bock? Es ist ein Leichtes, die „schönen" Seiten lieben zu lernen. Doch die Kunst liegt darin, auch die „unschönen" Seiten zu lieben. Vielleicht sind dies Dinge, die von anderen schon oft kritisiert wurden, vielleicht wurde man auch dafür gehänselt und gemobbt. Was auch immer in der Vergangenheit geschehen ist: Es ist Vergangenheit. Jetzt, hier, in diesem

Moment, können wir uns so annehmen, *wie wir sind.* Der Grundstein des Ich-Bereichs, die Selbstliebe, kann jeden Moment erschaffen werden. Hierzu bedarf es weder einer äußerlichen noch innerlichen Veränderung. Hierzu bedarf es lediglich einer Sache: dass wir in Liebe uns selbst widmen.

Liebenswert

Betz (2010) zufolge sind wir alle liebenswert. Er leitet uns an, diese Liebenswürdigkeit zu erfahren und tief zu empfinden: „Ich lade dich ein, dein Herz für dich selbst zu öffnen und zu erkennen, dass du – wie alle anderen auch – ein unendlich geliebtes und unendlich liebenswertes Wesen bist, das es wert ist, vom Leben reichlich beschenkt zu werden." Lassen Sie sich beschenken, lassen Sie sich lieben – denn Sie sind es wert!

Dazu müssen wir Gedanken und Bilder, wie wir uns selbst gerne hätten, gehen lassen. Wenn wir uns anders haben möchten, als wir sind, bedeutet das, dass wir uns selbst nicht so annehmen und akzeptieren, wie wir sind, geschweige denn uns lieben, wie wir sind, wer wir sind. Solche Gedanken zeigen, dass wir uns offensichtlich als „nicht richtig" oder „unvollständig" ansehen. Uns scheint etwas zu fehlen: Erst wenn wir dieses haben, können wir uns lieben. Erst wenn wir jemand anderes sind, können wir uns akzeptieren. Anders sein zu wollen heißt, nicht man selbst sein zu wollen.

Doch wir sind wir! Das bedeutet, dass wir so sind, wie wir sind, weil wir genau so sein sollen. Das ist so vorgesehen, das ist unsere Bestimmung. Sie sind so, wie Sie sind, weil Sie Sie sind. Ich bin so, wie ich bin, weil ich ich bin. Mit einer angemessenen Form der Selbstliebe drücken wir einen Dank aus, der schöner nicht sein könnte. Sie sind so, wie Sie sind; ich bin so, wie ich bin. Wir sind beide unterschiedlich. Trotzdem könnten wir beide nicht vollkommener sein. Ist das nicht wert genug, sich selbst zu lieben? Ist das nicht wert genug, sich selbst lieben zu dürfen? Wenn uns diese Selbstliebe glückt, danken wir der Natur, die uns täglich am Leben erhält. Wir danken unseren Eltern, da wir durch sie das Leben geschenkt bekommen haben. Aber auch Freunden, Verwandten, Bekannten sprechen wir Dank aus: Schließlich haben sie unsere Persönlichkeit geformt und uns zu dem werden lassen, was wir sind.

Die amerikanischen Wissenschaftler Emmons und McCullough (2003) fanden heraus, dass Menschen, die Dankbarkeit zeigen, optimistischer und zufriedener sind. Darüber hinaus wurde festgestellt, dass sie auch gesünder lebten. Nutzen wir diese Erkenntnisse, halten wir kurz inne und schenken wir der Welt unseren aufrichtigen Dank.

Merksatz

Unsere Umwelt hat uns zu dem Menschen werden lassen, der wir heute sind. Dafür können wir dankbar sein.

Vielleicht fällt Ihnen auf, dass Sie sich mit der Selbstliebe sehr schwer tun und diesem Wort und Gefühl eher abgeneigt sind. Dann können Sie sich in Gedanken auf die Ihnen nahestehenden Personen konzentrieren und dabei überlegen, ob Sie diesen aufrichtig danken können. Sie können diesen Dank auch laut aussprechen. Wenn sich hierbei Widerstände zeigen, ist das ein Hinweis darauf, dass zwischen Ihnen eine Spannung liegt. Etwas in Ihnen scheint sich zu sträuben, einer Person tiefen Dank auszusprechen. Ihre Empfindung stimmt offensichtlich nicht mit Ihrem Ausspruch der Danksagung überein. Das braucht Sie nicht zu beunruhigen. Aber es darf Sie ermutigen, mit eben dieser Person Gespräche zu führen, um das vermeintlich Ungeklärte zu klären, oder, falls Sie die Möglichkeit haben, beispielsweise mithilfe eines Therapeuten einen Weg zu finden, um sich von (Selbst-)Vorwürfen, Schuldgefühlen und Rachegelüsten zu lösen. Ab und an gelingt es Ihnen dann, aus Schuldgefühlen Verzeihen und aus Rachegelüsten Vergebung gedeihen zu lassen. Schöne neue Welt!

Eben diese Welt sehen wir durch unsere Augen: Wenn wir uns selbst lieben, lieben wir auch die Welt. Denn die Welt hat uns zu dem gemacht, was wir sind, wer wir sind, wie wir sind. Im Umkehrschluss bedeutet dies aber auch, dass wir uns selbst nicht lieben, wenn wir täglich mit der Welt und ihren Bewohnern hadern. Darauf komme ich im Kapitel „Wie innen, so außen" zurück. Sollten Sie sich darin sehr wiederfinden, so üben Sie sich in Selbstliebe und beginnen Sie sogleich, sich Ihren „schönen" Seiten zu widmen. Machen Sie sich und Ihren Mitmenschen dieses ganz besondere Geschenk! Die Welt wird es Ihnen danken.

Positives Selbstwertgefühl

Auch in Myers (2014) umfangreichem Lehrbuch *Psychologie* wird darauf eingegangen, wie wichtig es ist, ein positives

Selbstwertgefühl zu haben. Dieses kann zu folgenden Vorteilen beitragen: Man hat seltener schlaflose Nächte, man erliegt weniger leicht dem Druck der Konformität, man zeigt mehr Ausdauer bei schwierigen Aufgaben, man ist weniger schüchtern, weniger einsam u. v. m. Es wurde festgestellt, dass die Teilnehmer in den verschiedenen Studien insgesamt glücklicher waren. Diesen Ergebnissen entsprechend geht das Gefühl des Unglücklichseins und der Hoffnungslosigkeit häufig mit einem geringen Selbstwertgefühl einher (Moras und Strupp 1982).

Fragen

* Denken Sie an Ihre „schönen Seiten". Welche kommen Ihnen da in den Sinn?
* Denken Sie an Ihre „unschönen Seiten". Welche sind das?
* Können Sie diese akzeptieren? Können Sie diese sogar „gern haben"?
* Können Sie diese vielleicht ebenso schätzen wie Ihre „schönen Seiten"?
* Wenn nicht: Was hindert Sie daran?
* Welche kritischen Stimmen kommen da auf?
* Vergleichen Sie jetzt Ihre „schönen Seiten" mit den „unschönen Seiten": Was unterscheidet diese beiden?

Glück

Solange das Leben da ist, gibt es auch Glück (Leo Tolstoi).

Wir suchen es in der Liebe, in der Arbeit, im sozialen Kontakt, in der Selbstverwirklichung oder in der Kneipe nebenan … Doch was heißt „Glück"? In Büchern wird darüber geschrieben, in Liedern wird es besungen, an den Universitäten aller Kontinente wird darüber geforscht. Was aber verbirgt sich dahinter? Da das Themengebiet sehr komplex ist und die Forschungsergebnisse mittlerweile vielfältig und für mich als Einzelperson kaum überschaubar sind, sei darauf hingewiesen, dass Sie hier lediglich einen kleinen Einblick in das spannende Thema erhalten.

Dieses Buch folgt der Annahme, dass wir Menschen glücklich sein möchten und *Glück* eines der wesentlichen Ziele unseres Leben darstellt. Der Ich-Bereich unterliegt somit dem höheren Ziel, einen Weg zu diesem Glück zu finden. Für den Leser dieses Buches bedeutet das, dass die Arbeit am Ich-Bereich der Anhäufung von Glück dient – wobei die Ansätze sehr unterschiedlich sein mögen. Anna sucht das Glück, indem sie erfolgreicher im Berufsleben agieren möchte, Bernd erhofft sich eine erfüllte Partnerschaft, Claudia setzt den Fokus auf ihre Freizeitgestaltung und Daniel will die Ruhe genießen. Im weiteren Verlauf wird in diesem Werk noch auf Aspekte wie Hilflosigkeit oder Schuld, auf Vertrauen oder Akzeptanz eingegangen – mit dem Ziel, dass dadurch Ihre Zufriedenheit, Ihr Wohlbefinden, Ihre Hoffnung oder kurz *Ihr Glück* ein kleines Stück gefördert werden.

Hossenfelder (2010) untersucht die Auffassungen von Glück im Laufe der Zeit und stellt dabei große Unterschiede fest, die im Folgenden kurz erläutert werden. Dabei werfen wir einen Blick auf die Antike: Nach dem griechischen Philosophen Aristoteles ist *vernünftiges Denken* der eigentliche Zweck des Menschen in dieser Welt.

Dieses unterscheide ihn vom Tier, er bezeichnet es entsprechend als „höchstes Gut". Würde der Mensch seine Vernunft zur Vollkommenheit bringen, so könne er Glück erlangen. Demnach sei jeder Mensch in der Lage, glücklich zu werden – unabhängig vom eigenen Schicksal. Diesem objektiven Ansatz steht der individuelle Ansatz Epikurs gegenüber: Nach Epikur müssen wir eine Rolle, die uns von der „kosmischen Ordnung" angewiesen wurde, in vollkommener Weise erfüllen, um glücklich zu sein. Da jedes Individuum eine andere Rolle innehat, spricht man hier von einer Subjektivierung des Glücks – es gibt nicht länger „den einen Weg zum Glück", der alle Menschen glücklich macht. Jeder muss seinen eigenen Weg finden und der kosmischen Ordnung zuträglich sein.

Auch heutzutage beschäftigt uns das Thema „Glück" – was sich u. a. in der Wissenschaft widerspiegelt, denn die Forschungen darüber hatten in den letzten Jahren stark zugenommen. Dabei hat sich die Auffassung des „subjektiven Glücks" wohl durchgesetzt, was der Autor und Biophysiker Stefan Klein (2010) wie folgt formuliert: „Es gibt sechs Milliarden Menschen, und sechs Milliarden Wege zum Glück."

Indem Sie sich mit Ihrem Ich-Bereich beschäftigen, sich selbst analysieren und lernen, was Ihnen gut tut und was nicht, was Ihnen zusagt und was nicht, kommen Sie Ihrem persönlichen Glück ein großes Stück näher. Spielen Sie den Kapitän und finden Sie mithilfe des Ich-Bereichs heraus, was für Sie Glück, Zufriedenheit und Wohlbefinden bedeutet. Anschließend können Sie überlegen, wie Sie Ihr Leben beeinflussen, um diese Ziele zu verwirklichen. Das Steuerrad liegt in Ihren Händen! Lenken Sie das

Schiff Ihrem persönlichen Sextanten gemäß: dem Bauchgefühl. Dieses wird Sie zum erstrebten Glück führen.

Was aber ist das Glück? Wie zeigt es sich? Wie könnte
man die gesuchten „Glücksgefühle" beschreiben? Nach
Haas (2010) ist Glück das Gefühl, in dem man eins mit
sich und der Umwelt ist und alles einen angenehmen Sinn
ergibt. Hierbei ist der „Sinn" bedeutsam, auf diesen wird
in Kap. 5 dieses Buches näher eingegangen. Doch wie
erreicht man dieses Gefühl, in dem alles einen angenehmen Sinn ergibt? Wie können wir es erleben, wo müssen
wir suchen, um es zu finden?

Stefan Klein (s. o.) kommt zu einer interessanten
Erkenntnis, die eine Antwort auf die Frage bilden kann:
„Am wichtigsten für das Wohlbefinden aber ist unser Verhältnis zu anderen Menschen. Freundschaft und Liebe mit
Glück gleichzusetzen ist keineswegs übertrieben." Dieser
Annahme entsprechen die Ergebnisse Ernsts (1997): Er
hat herausgefunden, dass glückliche Menschen mehr Energie und Zeit in ihre sozialen Beziehungen investieren als
weniger glückliche. Ein Großteil der Befragten gab an,
dass u. a. Liebe, Freundschaft und Kameradschaft die Säu-
len des Glücks seien.

Um die sozialen Beziehungen zu verbessern, lohnt es
sich, sich mit dem Ich kann!-Prinzip zu beschäftigen.
Dadurch lernen Sie, welchen Einfluss Sie auf die Verbesserungen Ihrer sozialen Interaktionen haben können –
und was Sie nicht zu beeinflussen vermögen. Die Mühe,
die Sie in Freundschaften, Partnerschaften und in Beziehungen am Arbeitsplatz investieren, sollte dadurch immer
häufiger auch im Ergebnis ersichtlich sein: in Form von

erfüllenden, vertrauensvollen Beziehungen, die Sie glücklich stimmen.

Fragen

* Was bedeutet für Sie Glück?
* Welche Momente kommen Ihnen dabei in den Sinn?
* Haben Sie heute schon versucht, zu lächeln?
* Schließen Sie die Augen, atmen Sie ein und „lächeln Sie aus".

Positive Psychologie

Die Kunst zu erfreuen, besteht darin, selbst erfreut zu sein (William Hazlitt).

Die Positive Psychologie stellt einen Forschungszweig der Psychologie dar, welcher auf Martin Seligman (2011), den damaligen Präsidenten der American Psychological Association (APA), zurückzuführen ist. Anstatt sich länger auf sogenannte Pathologien (Störungen und Krankheiten) zu fokussieren, widmet sich die Positive Psychologie den Stärken, dem Wohlbefinden, der Zufriedenheit, dem Optimismus, der Hoffnung sowie der Gesundheit. Die forschungstreibenden Fragen lauten u. a. (vgl. Müller 2013):

* Wie wirken positive Emotionen und wie können sie gezielt hervorgerufen werden?
* Wie kann ich mein mentales Wohlbefinden steigern?
* Wie wirkt Dankbarkeit?

* Wie viel Schlaf braucht der Mensch, um ausgeglichen zu sein?
* Wann sind Menschen engagiert und motiviert?
* Wie entstehen positive soziale Beziehungen und wie können diese durch Wertschätzung gefestigt werden?
* Wie entsteht Sinnempfinden?
* Warum streben Menschen nach Erfolg?

Mitunter wurde die Positive Psychologie auch als „Wissenschaft des Glücks" verstanden. Sie untersuchte mit wissenschaftlichen Standards, was Glück für die Menschen bedeutet, wie man es messen kann und welche Faktoren das Glück beeinflussen. Glück ist mehr als lediglich ein glücklicher Zufall oder ein positiver Moment.

Bedeutung von Glück

Wie bedeutend „Glück" für uns ist, stellt Furnham (2010) nachdrücklich dar: „Ist Glück wichtig? In der Tat, das ist es! Forschungsergebnisse lassen vermuten, dass glückliche Menschen ein widerstandsfähigeres Immunsystem haben, sodass sie gesünder sind und länger leben als unglückliche Menschen." Zudem seien sie im Beruf häufig erfolgreicher, attraktiver und verfügten über bessere persönliche Beziehungen im Vergleich zu weniger glücklichen Menschen. Außerdem wird angeführt, dass sie sich selbst zu mögen scheinen und auch Rückschläge gut verkraften würden.

Es ist demzufolge nicht verwunderlich, dass sich die Positive Psychologie immer größerer Beliebtheit und Popularität erfreuen darf. Auch abseits der Psychologie wurde die Bedeutung dieses jungen Forschungszweigs registriert:

Mittlerweile habe die Positive Psychologie gar das Interesse von Ökonomen, Theologen und Geschäftsleuten geweckt. „Sie ist eine Bewegung, die rasch an Kraft und Anhängern gewinnt, um das Glück, die wichtigste aller menschlichen Befindlichkeiten, wissenschaftlich zu erforschen."

An dieser Stelle sei erwähnt, dass sich bei der Positiven Psychologie keineswegs „alles nur ums Glück dreht". Zufriedenheit, Hoffnung, Optimismus, Stärken etc. haben nach wie vor einen hohen Stellenwert. Seit einigen Jahren wird außerdem nicht mehr Glück als das Hauptthema der Positiven Psychologie genannt, sondern Wohlbefinden (s. u.).

Im Kapitel „Ich-Bereich" kommt der Positiven Psychologie ein entscheidendes Gewicht zu, denn das, was in dieser Wissenschaft geschieht, soll auch im Ich-Bereich umgesetzt werden: Widmen Sie sich Ihren persönlichen Stärken, erforschen Sie, was Sie glücklich macht und Ihr Wohlbefinden steigern lässt. Wie wirkt Dankbarkeit auf Sie? Suchen Sie nach einem sinnerfüllten Leben? Was benötigen Sie, um ausgeglichen zu sein? Indem Sie einige Forschungen über Ihren Ich-Bereich anstellen, setzen Sie die Positive Psychologie individuell in die Praxis um – Sie werden zum Wissenschaftler Ihres Ich-Bereichs. Dieses Projekt begleitet Sie vermutlich Ihr Leben lang, und das Schöne daran ist: Sie sind der Projektleiter, die Projektleiterin dieses Unterfangens.

Seligman hat nicht nur die Positive Psychologie ins Leben gerufen, er treibt sie auch stetig voran. In der „Theorie des Wohlbefindens" beschreibt er fünf Merkmale, die ein gutes Leben ausmachen, und was getan werden kann, um es erfüllter zu gestalten. Diese sind unter dem (engl.)

Akronym PERMA bekannt geworden. Die einzelnen Elemente sind:

* **P**ositive Emotions (positive Emotionen)
* **E**ngagement
* positive **R**elationships (positive Beziehungen)
* **M**eaning (Sinn)
* **A**ccomplishment/**A**chievement (Zielerreichung/erfolgreiche Bewältigung)

Wenn Sie am Ich-Bereich arbeiten, binden Sie diese fünf Elemente mit ein. So mag es Ihnen gelingen, dass Wohlbefinden, Glück und Zufriedenheit Ihre Weggefährten werden.

Fragen

* Worauf richten Sie Ihr Augenmerk – auf die Stärken oder die Schwächen?
* Welche Ressourcen können Sie noch intensiver nutzen?
* Aus welchen Beziehungen zu Ihren lieben Mitmenschen können Sie Kraft schöpfen?
* Schließen Sie nochmals Ihre Augen und lachen Sie Ihrer persönlichen Sonne entgegen.

Weniger ist manchmal mehr

Nicht, wer wenig hat, sondern wer viel wünscht, ist arm (Seneca).

Dieses Zitat deutet an, dass wir selbst es sind, die über das empfundene Glück – unser Glück! – bestimmen. Denn dieses wird zum großen Teil durch unsere Wünsche, unsere Ziele und Erwartungen definiert. Wie hoch wir unsere Ziele setzen, welche Erwartungen und Wünsche wir haben – das fällt in den Ich-Bereich, in unseren Bereich, über den *wir selbst* die Macht ausüben, den wir kontrollieren und für den wir somit auch verantwortlich sind.

Häufig kommen wir in die Lage, Kompromisse eingehen zu müssen. Wir verzichten auf etwas, um an anderer Stelle etwas zu erhalten. Manche Kinder verzichten auf einen Teil ihrer Freizeit, um bessere Noten zu schreiben. Andere wiederum verzichten auf gute Noten, um mehr Zeit mit Freunden oder vor dem Computer verbringen zu können. Manche Väter verzichten auf einen Großteil des Familienlebens, um ihrem Job erfolgreich nachzugehen. Manche Mütter verzichten auf einen neuen Partner, um ihren Kindern keinen neuen Mann vorsetzen zu müssen.

Kosten und Nutzen

Wenn wir einen Kompromiss machen, können wir die „Kosten" dem „Nutzen" gegenüberstellen. Was haben wir zu leisten? Welche Vorteile haben wir dadurch? Nicht jedes Unterfangen lohnt sich. Das vorher abzuwägen, liegt eindeutig im Ich-Bereich.

Wie sagt man so schön: „Jedes Ding hat seinen Preis." Es liegt an uns, ob wir diesen bezahlen möchten. So geht zum Beispiel ein hohes Gehalt sehr häufig mit vielen Überstunden und damit kaum Zeit für Familie und Hobbys einher.

Doch Vorsicht: Das Abwägen von Kosten und Nutzen geschieht durch den Verstand und sollte daher nur in zweiter Instanz erfolgen. Wichtiger ist unser Bauchgefühl, unser Herz.

Wenn wir ein Gefühl dafür entwickeln möchten, wer wir selbst sind und wie unser Ich-Bereich funktioniert, so ist es wesentlich, dass wir uns klar darüber werden, was wir wollen. Ist es uns wirklich wichtig, ein teures Auto zu fahren? Ist es uns wichtig, immer über die Geschehnisse in der Welt informiert zu sein? Ist es für ein Kind wesentlich, gute Noten in der Schule zu haben? Es gibt viele Dinge, die uns genügen könnten, uns aber offensichtlich „zu wenig" oder „nicht gut genug" sind. In meinen Augen ist es nicht falsch, hohe Ziele zu haben oder viel (von sich selbst) zu erwarten. Doch es ist sicherlich sinnvoll, zu hinterfragen, *wozu* man diese Erwartungen oder Ziele besitzt. Ist es das wirklich wert? Könnte man, wenn man weniger bräuchte, glücklicher sein? Die meisten von uns können es sich beispielsweise nur leisten, ein neues, teures Auto zu fahren, wenn sie viele, viele Überstunden machen. Wiegt das Glück, ein neues Auto zu fahren, mehr als der Ärger, der oft mit der vielen Arbeit einhergeht? Wenn der Ärger überwiegt, ist die Frage, warum man die hohen Erwartungen und Ziele nicht gehen lässt. Denn wer erwartet, wartet!

Merksatz

Wie hoch wir unsere Ziele setzen, welche Erwartungen wir an andere und an uns selbst haben – all das fällt in den Ich-Bereich.

In meiner Schulzeit habe ich mich oftmals über 13 oder 14 Punkte geärgert. Denn ich wollte 15 Punkte, eine Note

1 mit Sternchen. Doch damit nicht genug: Eines Tages fiel mir sogar auf, dass ich mich selbst über diese 1 mit Sternchen nicht mehr freuen konnte. Ich hatte einen Fehler in der Arbeit begangen, welcher sich zwar nicht auf die Note auswirkte, aber auf meine Zufriedenheit. Dabei wurde mir bewusst, dass meine Erwartungen an mich selbst ins Unermessliche gestiegen waren – lediglich das Beste stellte mich noch zufrieden. Der Perfektionismus schlich sich in meine Charakterzüge. Doch wenn Zufriedenheit das höchste der Gefühle ist, kann man auch nicht mehr glücklich sein. Darum musste ich meine Ansprüche an mich selbst ändern – hinunterschrauben, um wieder glücklich sein zu können. Während meines Studiums nahm ich mir die Aussage „Vier gewinnt und Drei ist die Eins des kleinen Mannes" meiner Professorin Frau Bergmann an der TU Dresden sehr zu Herzen. So konnte ich mich selbst viel leichter zufriedenstellen und meist gelang es mir auch, glücklich über die erhaltene Note zu sein, obwohl ich einen deutlich schlechteren Notendurchschnitt erzielte, als während meiner Schulzeit. Doch was zählt schon ein Notendurchschnitt? Das, was wirklich zählt, ist die *Freude in unserem Herzen* (Coelho 2007).

Fragen

- Welche Ansprüche haben Sie an sich selbst?
- Können Sie diese Ansprüche erfüllen?
- Welchen Preis zahlen Sie dafür?
- Welche Erwartungen müssten Sie hinunterschrauben, um glücklicher zu sein?

Von Kopf bis Bauch

Die Natur hasst die Vernunft (Oscar Wilde).

Die Gefühle kommen aus dem Bauch heraus und das Denken wohnt im Kopf, weiß der Volksmund. Doch die Wissenschaftler William James und Carl Lange haben bereits im 19. Jahrhundert Beweise erbracht, die die Annahme unterstützen, dass auch der Kopf – genauer gesagt das Limbische System – eine entscheidende Rolle für die Entstehung der Gefühle spielt (vgl. Birbaumer und Schmidt 2010). Dieses Wissen soll der Einfachheit halber in diesem Kapitel unberücksichtigt bleiben und der Volksmund Recht behalten. Wenn demnach vom Kopf gesprochen wird, symbolisiere dieser das Wissen, das Denken, den Verstand und die Planung von Abläufen, wohingegen der Bauch die Intuition, die Gefühle und die Spontaneität repräsentieren möge.

Was teilt uns der Bauch mit? Wenn wir lange nichts gegessen haben, sendet er Signale, sodass wir Hunger verspüren. Anderes „schlägt uns auf den Magen", wir vertragen etwas nicht und leiden Schmerzen. Einen Kuss unserer Liebsten vertragen wir hingegen sehr gut, und mit etwas Fantasie sehen wir die Schmetterlinge … Hunger, Schmerz und die Schmetterlinge betreffen unseren Ich-Bereich, das sind wir: Ihren Hunger verspürt niemand besser als Sie. Gleichfalls nimmt die Schmerzen, die Sie erleiden, niemand so intensiv wahr wie Sie. Selbiges gilt für Ihre Schmetterlinge: Das bunte Treiben und Flügelschlagen findet allein in Ihnen statt. Der Bauch eignet sich deshalb sehr gut, um als Sinnbild für den Ich-Bereich zu fungieren.

Heißt das, dass der Kopf das Gegenteil des Ich-Bereichs, nämlich den Nicht-Bereich, darstellt? Nein, beide gehören zum Ich-Bereich, allerdings können sie in Gegensatz zueinander treten. Aber der Kopf arbeitet nicht selten „gegen den Bauch", die beiden „kämpfen" dann, anstatt miteinander zu arbeiten. Dafür gibt es eine ganze Reihe an Beispielen: Ihr Bauch verspürt Hunger, doch der Kopf sagt, man solle auf die schlanke Linie achten. Der Bauch empfindet Wut, doch der Kopf will den Ärger nicht in der Öffentlichkeit preisgeben; der Bauch empfindet kindliche Freude, doch der Kopf möchte „sein Gesicht wahren" … Sie können diese Liste weiter ausführen, tagtäglich finden sich zig Beispiele, in denen wir „gelernt" haben, nicht unmittelbar unseren Bedürfnissen zu folgen. Wir haben „gelernt", unsere Gefühle zu überdenken. Lesen Sie sich den vorigen Satz nochmals durch – was halten Sie von dem „Gelernten"?

Um in dieser Gesellschaft ein Miteinander zu ermöglichen, ist vorauszusetzen, dass nicht jeder „tun und lassen kann", was er oder sie möchte. Unsere Handlungen dürfen anderen keinen Schaden zufügen, sollen andere weder körperlich noch verbal verletzen. Darum ist es sinnvoll, die eigenen Impulse zu überdenken und kurz innezuhalten. Gefühle zu überdenken ist daher keineswegs „falsch". Jedoch sollten wir aufpassen, dass wir sie nicht zu kurz kommen lassen.

Es geht um Ihr Gefühl

Haben Sie schon einmal bewusst versucht, Ihren Gefühlen Freiräume zu verschaffen? Wenn wir in dieser Welt funktionieren möchten, müssen wir uns beherrschen,

> zusammenreißen, zusammennehmen: Das heißt, wir halten unsere Gefühle regelmäßig zurück. Doch auch diese Gefühle wollen „hinaus". Indem Sie sich die Zeit nehmen, sich Ihren Gefühlen zu widmen, ihnen Aufmerksamkeit zu schenken und sie zu verarbeiten, geben Sie ihnen den Raum, den sie benötigen. Schreien Sie in den Wald hinaus, schlagen Sie auf Ihr Kopfkissen ein, schluchzen und weinen Sie in Ihre Taschentücher. Damit tragen Sie dafür Sorge, dass Sie sich im Ich-Bereich befinden.

In einer Studie an der Stanford Universität von Gross und Levenson (1993) schauten sich Probanden Filmausschnitte an, die negative Emotionen verursachten. Zuerst sollten sie ihre Emotionen dabei unterdrücken, im zweiten Durchgang hingegen durften sie ihre Emotionen zulassen. Dabei fand man heraus, dass das Unterdrücken von Gefühlen dazu führte, dass zwar die äußeren Parameter wie Mimik und Emotionsausdruck deutlich reduziert waren, nicht aber das subjektive Erleben auf die Filme. Zusätzlich konnte ein Anstieg der physiologischen Stressparameter Herzrate und Hautleitfähigkeit in der Bedingung „Suppression" nachgewiesen werden. Das Unterdrücken der Emotionen hat folglich zu einem subjektiven, moderaten Stress geführt.

Wenn wir mit unserem Kopf gegen unseren Bauch arbeiten, passen wir uns vielleicht der Gesellschaft an, machen es unseren Eltern und Lehrern recht oder gewinnen das Vertrauen unseres Chefs. Doch inwieweit können wir dann noch sagen, dass wir auf unseren Ich-Bereich achten? Dass wir *wir* sind?

Sich einen Plan auszudenken und ihn anschließend umzusetzen, muss erlernt werden – das heißt, Sie können das erlernen. Aber das heißt auch, dass viele andere das ebenso erlernen können. Hingegen können Ihre Gefühle nicht von anderen „erlernt" werden, auch nicht durch andere repräsentiert werden. Ihre Gefühle haben ganz alleine Sie. Weswegen auch eine Entscheidung für Ihre Intuition, Ihren Bauch auch immer eine Entscheidung für Sie, für Ihr Ich, das unersetzlich ist, ist. Dies allein sollte es wert genug sein, den Mut zusammenzunehmen und sich manchmal gegen die Meinung der anderen durchzusetzen – und ganz alleine auf Ihre Intuition zu vertrauen.

Merksatz

Vertrauen Sie Ihrer Intuition, hören Sie auf Ihren Bauch.

Aus einem weiteren Grund ist es sinnvoll, sich für den Bauch zu entscheiden und nach dem Gefühl zu handeln: Wir lernen schneller und überschreiten zudem Grenzen, die wir ansonsten nicht überschreiten würden. Denken Sie an das Laufen lernen: „Wenn der Verstand schon entwickelt gewesen wäre, als wir das Gehen erlernten, würden wir heute noch krabbeln" teilte mir Frank Gems, Hypnosetherapeut, in einem für mich sehr wertvollem Gespräch mit. Der Verstand würde uns nach dem ersten Sturz raten, den Kopf nicht mehr in der Höhe zu tragen, denn die Gefahr, eine schlimme Kopfverletzung zu erleiden, ist natürlich um ein Vielfaches erhöht. Auch die

Sprache zählt hier dazu: Sie lernten Ihre Muttersprache zu einer Zeit, in der Ihr Verstand kaum entwickelt war. *Deshalb* haben Sie diese, trotz ihrer Komplexität, so schnell beherrscht.

Betz (2010) zeigt uns, wie wir die Aufmerksamkeit nach innen richten und die Gefühle intensiv wahrnehmen. Wir sollen die Augen schließen und ruhig, sanft und in den Bauch atmen. Anschließend können wir seinem Rat folgen: „Sei zunächst einfach still, damit die Wogen der Unruhe sich glätten können. Aber kämpfe nicht gegen Deine Unruhe, Deine abschweifenden Gedanken. Werde zum Beobachter dessen, was in Dir ist, und sage Dir liebevoll: ‚Alles in mir darf jetzt da sein. Ich bin bereit, es wahrzunehmen und zu fühlen.'"

Sie haben das Sprechen erlernt. Sie haben das Gehen erlernt. Hören Sie auf Ihren Bauch – und Sie werden „Fort-schritte" wie in Kindestagen machen …

Fragen

* Was möchte Ihr Kopf?
* Was möchte Ihr Bauch?
* Wo findet der Disput zwischen diesen beiden statt?
* Welche Freiräume können Sie Ihren Gefühlen schaffen?

Der Komponist

Ich mach mir die Welt, widewide wie sie mir gefällt (Pippi Langstrumpf).

In diesem Unterkapitel sollen Sie erlernen, wie Sie sich eine Welt „machen" können, in der Sie sich wohlfühlen, in der Sie gerne leben, die Ihnen einfach „nur gut tut". Erinnern Sie sich an Pippi Langstrumpf? Sie lebt in ihrer eigenen Welt und offensichtlich ist sie sehr glücklich damit.

Der *Komponist* wird aus dem Lateinischen „componere" abgeleitet und bedeutet „zusammensetzen". Zum Komponisten werden wir, indem wir unsere Welt – wie sie uns gefällt – zusammensetzen. Dabei ist zu beachten, dass wir ausschließlich „unsere Welt" zusammensetzen, verändern und aufbauen können, kurz gesagt jene Anteile, die in den Ich-Bereich fallen, denn auf diesen haben wir Einfluss, er unterliegt unserer Macht. So, wie ein Komponist musikalische Werke erschafft, erschaffen wir einen Ich-Bereich, der uns Sicherheit verleiht und Freude mit uns teilt, die lange bleibt.

Erinnern Sie sich auch an die Villa Kunterbunt? Was hatten wir als Kinder geträumt, in solch einer Villa wohnen zu dürfen ... ungläubig schauten wir drein, wenn wir sahen, wie Verbote über Bord geworfen wurden, getanzt und gelacht werden durfte, das Chaos regelrecht zelebriert werden wollte. Eine schöne Kindergeschichte! Warum sollten wir uns indes nicht auch eine „Scheibe davon abschneiden", warum sollten wir nicht davon lernen und uns daran orientieren dürfen?

Pippi hatte keinen Einfluss auf das, was in ihrem Dorf geschieht, welche Nachbarn in die Häuser nebenan einziehen, ob es regnet oder die Sonne scheint. Doch in ihrer Villa, da vermochte sie zu tun und zu lassen, was sie wollte. Ihre Villa Kunterbunt steht somit als Symbol für den Ich-Bereich: Dort konnte sie etwas bewirken, da durfte sie alles verändern. Sie hat Freunde eingeladen und es sich schön gemacht.

Merksatz

Erschaffen Sie sich eine Welt, die Ihnen gefällt.

Orientieren Sie sich an Pippi und machen Sie sich Ihre Wohnung, Ihr Haus, Ihre „Villa Kunterbunt" ebenfalls schön. Nehmen Sie die Dinge in den Ich-Bereich auf, mit denen Sie „zusammenwohnen" möchten. Setzen Sie sich Ihre Welt selbst zusammen: Dabei mag es vorkommen, dass Sie eine blaue mit einer gelben Socke kombinieren, oder Sie ein Verhalten zeigen, wodurch andere Menschen Sie für „verrückt" erklären. Hören Sie auf Ihren Bauch, auf Ihr Gefühl, auf Ihre „innere Stimme" – sie können Ihnen besser sagen, was Sie brauchen, um glücklich zu sein. Komponieren Sie sich Ihr ganz individuelles Lieblingsstück. Wenn dazu Veränderung notwendig ist, dann verändern Sie *innerlich und äußerlich* alles nach Ihrem Gusto: Denn es ist Ihr Leben.

Fragen

- Wie soll Ihre „Villa Kunterbunt" aussehen?
- Welche Schritte sind notwendig, damit Sie es in Ihrem Reich schön haben?
- Können Sie das Schöne in Ihren Ich-Bereich aufnehmen?
- Können Sie die Komposition segnen und anerkennen?

Fazit: Ich-Bereich

> Du brauchst nur zu lieben und alles ist Freude (Leo Tolstoi).

Auf den vorangegangenen Seiten wurden Sie mit dem Konzept des Ich-Bereichs vertraut gemacht. Da der Ich-Bereich aus unserem *Ich* besteht, impliziert das, dass wir einen großen Einfluss auf den Ich-Bereich haben und ihn jederzeit verändern können – auch hier und jetzt. Außerdem haben Sie erfahren, dass die Selbstliebe der Grundstein eines gesunden Ich-Bereichs und die Voraussetzung ist, um dauerhaft glücklich sein zu können.

Wir haben auch gelernt, dass wir es selbst sind, die über unser Glück entscheiden: Glück ist nicht nur von den sozialen Beziehungen, sondern auch von unseren Erwartungen, von unseren Zielen und unseren Wünschen abhängig. Diese treffen wir ganz alleine, können wir stets ändern oder auch über Bord werfen. Eine große Hilfe stellt es dar, uns klar darüber zu werden, wer wir sind, was wir erreichen wollen und was speziell uns als Person ausmacht. Wir kommen dabei nicht umhin, immer wieder in uns hinein zu horchen, auf unsere Gefühle zu achten und bewusst „nach innen" zu schauen, kurzum *Kontakt mit unserem Ich* aufzunehmen. Denn um etwas zu verändern, sollten wir wissen, was vorhanden ist. Das heißt, zuerst erfahren wir uns selbst, um dann das zu verändern und gehen zu lassen, was uns nicht gefällt. Wenn wir an unserem Ich-Bereich arbeiten möchten, dann sollten wir auch wissen, warum und wie wir an diese Arbeit gehen.

Dieser Aufwand möchte schließlich mit einem erfolgreichen Ergebnis gekrönt werden.

Es wurde schon genannt, dass wir nicht alle Gefühle und Gedanken kontrollieren oder bestimmen können. Manchmal werden wir „fremdbestimmt": Ein Gedanke kommt oder geht, ohne dass wir etwas daran ändern können. Auch der körperliche Reflex ist ein Beispiel dafür, dass wir manchmal eine Reaktion zeigen, die wir vielleicht gar nicht zeigen möchten. Nichtsdestotrotz gehören auch diese Gefühle, Gedanken und Reaktionen zu unserem Ich-Bereich: Das heißt, dass in jedem Ich-Bereich zu einem gewissen Grade auch ein Stück weit „Nicht-Bereich" lebt. Auf diesen haben wir keinen direkten Einfluss, diesen können wir nicht direkt kontrollieren. Dennoch ist er ein Teil von uns.

Im folgenden Kapitel möchte ich diesen „Nicht-Bereich" genauer erläutern und Ihnen ein Bild darüber verschaffen. Es wird Ihnen dann sicherlich auch leichter fallen, den Ich-Bereich genauer zu bestimmen. Denn erst der Strand begrenzt das Meer.

Literatur

Betz, R. (2010). *Willkommen im Reich der Fülle. Wie du Erfolg, Wohlstand und Lebensglück erschaffst* (S. 55–177). Burgrain: Koha.

Birnbaumer, N., & Schmidt, R. F. (2010). *Biologische Psychologie* (Kapitel 27.1 Psychophysiologie von Gefühlen). Heidelberg: Springer.

Coelho, P. (2007). *Unterwegs. Der Wanderer. Gesammelte Geschichten* (Diogenes, Aristipp und das Linsengericht). Zürich: Diogenes.

Emmons, R. A., & McCullough, M. E. (2003). Counting blessings versus burdens: An experimental investigation of gratitude and subjective well-being in daily life. *Journal of Personality and Social Psychology, 84,* 377–389.

Ernst, H. (1997). Wer ist glücklich? *Psychologie heute, 24*(3), 20–25.

Furnham, A. (2010). *50 Schlüsselideen Psychologie* (S. 53–55). Heidelberg: Spektrum Akademischer Verlag.

Gross, J. J., & Levenson, R. W. (1993). Emotional suppression: Physiology, self-report, and expressive behavior. *Journal of Personality and Social Psychology, 64*(6), 970–986.

Haas, O. (2010). *Corporate Happiness als Führungssystem. Glückliche Menschen leisten gerne mehr.* Berlin: Schmidt.

Hossenfelder, M. (2010). Philosophie als Lehre vom glücklichen Leben. Antiker und neuzeitlicher Glücksbegriff. In A. Bellebaum & R. Hettlage (Hrsg.), *Glück hat viele Gesichter. Annäherungen an eine gekonnte Lebensführung* (S. 75–92). Wiesbaden: Springer.

Klein, S. (2010). *Die Glücksformel oder Wie die guten Gefühle entstehen* (S. 283). Reinbek: Rowohlt.

Moras, K., & Strupp, H. H. (1982). Pretherapy interpersonal relations, patients' alliance, and outcome in brief therapy. *Archives of General Psychiatry, 39*(4), 9–405.

Müller, F. (2013). Was ist Glück. In T. Johann & T. Möller (Hrsg.), *Positive Psychologie im Beruf. Freude an Leistung entwickeln, fördern und umsetzen* (S. 3–10). Wiesbaden: Gabler.

Myers, D. G. (2014). *Psychologie* (Kapitel 14.5.1 Die Vorteile des Selbstwertgefühls). Heidelberg: Springer.

Seligman, M. (2011). *Flourish. Wie Menschen aufblühen. Die Positive Psychologie des gelingenden Lebens.* München: Kösel.

3

Nicht-Bereich

Das Leben gehört dem Lebendigen an, und wer lebt,
muss auf Wechsel gefasst sein.

Johann Wolfgang von Goethe

Einleitung

Im vorigen Kapitel haben Sie den Ich-Bereich kennengelernt. Auf den nächsten Seiten geht es um den zweiten
wichtigen Baustein des Ich kann!-Prinzips, den sogenannten „Nicht-Bereich". Am leichtesten lässt sich dieser mit
den simplen Worten erklären:

Dort, wo der Ich-Bereich endet, beginnt der Nicht-Bereich.

© Springer Fachmedien Wiesbaden 2017
A. Hüttner, *Das Ich kann!-Prinzip,*
DOI 10.1007/978-3-658-13215-6_3

Was ist der Nicht-Bereich?

Auch die Pause gehört zur Musik (Stefan Zweig).

Angelehnt an das Kapitel „Ich-Bereich" ist auch diese Frage einfach zu beantworten: Das ist alles außer Ihnen. All jene Dinge, die ganz ohne Ihr Zutun geschehen. Alles, was außerhalb Ihrer Macht steht, stellt den Nicht-Bereich dar. Kurzum: Der Nicht-Bereich steht für all jene Dinge, die Sie nicht beeinflussen, nicht verändern können. Was aber auch heißt: All jene Dinge brauchen Sie nicht zu beeinflussen, brauchen Sie nicht zu verändern. Sie brauchen sich nicht einmal zu bemühen, sie zu verändern.

Der Nicht-Bereich umfasst somit sehr viel: Beim Wetter angefangen bis hin zu den Meinungen der Menschen über Sie, wie schnell Ihr Vordermann auf der Autobahn fährt, mit welcher Note Ihre Leistung bewertet wird, ob Ihr Lieblings-Fußballverein das nächste Spiel gewinnt oder verliert, ob Sie selbst das nächste Match gewinnen oder verlieren …

Möglicherweise erheben Sie bei dem ein oder anderen Beispiel Einspruch und haben auch ein Bild davon, wie man Einfluss nehmen kann. Es ist richtig: Auf manche Geschehnisse können wir *bedingt* Einfluss nehmen – das sind dann aber jene Anteile, die in den Ich-Bereich fallen. Diese Unterscheidung ist ausschlaggebend und soll hier anhand eines Beispiels verdeutlicht werden:

Beispiel: Schulnote

Wir können in der Schule nicht beeinflussen, welche Note uns der Lehrer gibt (die Schulnote ist somit dem Nicht-Bereich zuzuordnen). Jedoch können wir beeinflussen, ob und wie intensiv wir uns auf eine Klausur vorbereiten, wie viel Wissen wir uns aneignen, ob wir am Unterricht teilnehmen oder nicht, ob wir versuchen, pünktlich und mit den benötigten Materialien im Klassenzimmer zu erscheinen (diese Punkte fallen alle in den Ich-Bereich, weil wir sie beeinflussen können). Wir können daraus folgern, dass der Lehrer zwar die Note gibt, wir es ihm aber leicht machen können, eine gute Note ins Zeugnis zu schreiben.

Es ist grundlegend zu unterscheiden, was in unserer Macht (im Ich-Bereich) und was in unserer Ohnmacht (dem Nicht-Bereich) steht. Wenn wir das lernen, können wir darauf achten, unsere Bemühungen und Anstrengungen auf den Ich-Bereich zu beschränken. Denn lediglich dort werden sie Wirkung zeigen. Lediglich im Ich-Bereich werden wir etwas verändern, etwas beeinflussen können. Für das obige Beispiel bedeutet das, dass wir unsere Bemühungen für eine gute Note in das Erledigen von Hausaufgaben, von regelmäßiger und konstruktiver Mitarbeit im Unterricht und ausgiebige Vorbereitungen auf die Klausuren investieren sollten. Dies erhöht die Wahrscheinlichkeit für eine gute Note ungemein.

Merksatz

Der Nicht-Bereich steht für all jene Dinge, die Sie nicht beeinflussen können.

Doch warum wird dem Nicht-Bereich ein eigenes Kapitel gewidmet, wenn wir ihn nicht beeinflussen können? Weil

wir Möglichkeiten besitzen, die ungeachtet der Einflussnahme eine wohltuende Wirkung auf uns ausüben. Zum
Beispiel, indem wir lernen, den Nicht-Bereich loszulassen.
Das ist etwas anderes, als ihn zu ignorieren. Wenn wir ihn
ignorieren, heißt das, dass wir ihn nicht beachten. Ihn loszulassen bedeutet aber, dass wir ihm zwar Aufmerksamkeit
widmen können, jedoch uns nicht an ihn klammern. Wir
können unser Augenmerk auf den Nicht-Bereich legen,
doch halten wir nicht an den Dingen im Nicht-Bereich
fest. Wir schauen sie an, schauen ihnen zu, wie sie walten,
wie sie schalten. Wir schauen auch, wie das Wetter wird,
doch ändern wir es nicht. Wir versuchen erst gar nicht,
es zu verändern. Ebenso verfahren wir mit dem Nicht-
Bereich: Alles, was im Nicht-Bereich ist, *lassen wir geschehen* und nehmen es, *so wie es ist,* an.

Loslassen

Nach Wilbers (2013) bedeutet Loslassen „ohne Anhaftung
an das Ziel weiterzumachen, nämlich das, was im Moment
ansteht, und sonst gar nichts". Darüber hinaus solle man
sich keine Gedanken machen, was man noch alles zu erreichen habe oder welche Werte und Einstellungen man
haben *sollte.* Es gehe darum, dem Inneren zu vertrauen
und sich selbst zuzulassen. Durch präsentes „Geschehenlas-
sen" werde das Leben innerlich einfacher.

Der Nicht-Bereich hat einen weiteren Vorteil. Er kann
uns entscheidend weiterhelfen, denn durch das Abste-
cken des Nicht-Bereichs lernen wir auch den Ich-Bereich

besser kennen. Schließlich können wir nur feststellen, wo eine Grenze ist, wenn wir „über sie hinausgehen". Wenn wir merken, dass unser Wirken und Tun keinerlei Einfluss mehr hat, zeigt uns das, dass wir den Ich-Bereich verlassen haben. Um dies zu registrieren, ist es notwendig, dass wir den Nicht-Bereich kennengelernt und uns mit ihm auseinandergesetzt haben. Denn so, wie die Pause zur Musik gehört, ist der Nicht-Bereich wesentlich für das Ich kann!-Prinzip. Folglich schenken wir dem Nicht-Bereich die notwendige Aufmerksamkeit, sodass wir ihn kennenlernen, um ihn dann gehen zu lassen und uns gänzlich auf unseren Ich-Bereich zu konzentrieren.

Fragen

- Wie sieht Ihr Bild, Ihr Symbol für den Nicht-Bereich aus?
- Woran wollen Sie denken, um sich bewusst zu machen, dass eine Situation dem Nicht-Bereich angehört?
- Über welche Dinge regen Sie sich am meisten auf?
- Was können Sie loslassen, um ein Stück Leichtigkeit wiederzugewinnen?

Annahme und Akzeptanz

Wir sollten den Nicht-Bereich annehmen, denn ändern können wir ihn nicht.

Wir haben bereits gelernt, dass wir nur die Dinge kontrollieren können, die in unseren Ich-Bereich fallen. Wenn wir diesem Wissen nachkommen und uns auf unseren Ich-Bereich fokussieren, bedeutet das auch, dass wir den Nicht-Bereich ein Stück weit loslassen. Wir versuchen nicht länger, über diesen zu verfügen. Der ewige Windmühlenkampf nimmt ein Ende, denn wir können den Nicht-Bereich nicht ändern.

Stattdessen haben wir eine andere Möglichkeit, der wir meines Erachtens nach eine große Bedeutung beimessen sollten: Wir können den Nicht-Bereich *annehmen,* wie er ist. Wir können ihn *akzeptieren,* und auch wenn er uns nicht immer Gutes verheißt, so können wir sagen: Schön, dass es Dich gibt. Der Nicht-Bereich ist ohnehin da, ob wir das wollen oder nicht. Er bringt uns Gutes, wenn er uns Gutes bringen mag, und Schlechtes, wenn er uns Schlechtes bringen mag. Wir können das nicht beeinflussen, aus diesem Grunde ist er schließlich der Nicht-Bereich. Gewähren wir ihm diese Freiheit, die ihn zu seinem Wesen macht, und arrangieren uns mit dieser, so leben wir leichter.

> **Beispiel: Wetter**
>
> Stellen Sie sich vor, Sie würden an einem Regentag versuchen, das Wetter zu beeinflussen, damit die Sonne wieder scheint. Sie können in den Himmel schreien, Sie können weinen, lachen, den Wind schlagen ... alles können Sie machen, außer eines: die Wolken fortblasen. Sie allein haben keine Macht über das Wetter. Sie müssen es nehmen, wie es ist. Ich möchte hier noch anfügen: Wir *dürfen* das Wetter nehmen, wie es ist. Wenn es regnet, dürfen wir den Regen annehmen, uns an ihm erfreuen. Ihm auch dankbar dafür sein, dass er die Sonnenstrahlen noch kostbarer macht, als sie ohnehin schon sind. Ist das nicht auch ein Geschenk?

Wenn wir über den Nicht-Bereich klagen, verlieren wir unsere Energie – denn wir versetzen uns selbst in eine Stimmung, die nicht förderlich ist. Stattdessen könnten wir dieses Muster aber auch wie folgt unterbrechen: Wir können uns in einem ersten Veränderungsschritt dazu erziehen, uns damit abzufinden, dass manche Dinge nicht in unserer Macht stehen. Dadurch erzielen wir eine gelassenere Stimmung, denn die subjektive Ohnmacht wird durch Akzeptanz ersetzt. Als zweiten Schritt kann man die Dankbarkeit in den Mittelpunkt stellen: Welche positiven Aspekte gehen mit den empfundenen negativen einher? Der Regen macht die Sonne kostbar, der Hunger das Essen, die Einsamkeit die Zweisamkeit, die Schmerzen die Gesundheit und ohne Trauer gäbe es wohl keine Freude … Ein dritter Veränderungsschritt könnte beinhalten, nach alternativen Möglichkeiten Ausschau zu halten – darauf wird in Kap. 5 „Neue Möglichkeiten" noch genauer eingegangen.

Emoto (2010) stieß in seinen Forschungen über Wasserkristalle auf die Bedeutung von Dankbarkeit: „[Es] ist eine Tatsache, dass sich das Wasser vollkommen ändert, je nachdem, ob man es mit einem dankbaren Herzen, mit „Danke" anspricht, oder ob man es mit einem, aus irgendeinem Grund beunruhigten Herzen trinkt." Das heißt, dass Sie den Nicht-Bereich mit Ihrem Ich-Bereich doch ein Stück weit beeinflussen können. Wenn Sie den Regen mit einem dankbaren Herzen ansprechen, wird er Ihnen mehr Gutes verheißen, als wenn Sie über ihn fluchen und ihn verabscheuen.

Wo befinden Sie sich? Kämpfen Sie noch gegen das Wetter (was hier als Symbol für alle möglichen Geschehnisse des Nicht-Bereichs zu verstehen ist)? Da wir das Wetter ohnehin willkommen heißen müssen, können wir es sogleich freundlich zu uns einladen. Öffnen Sie somit Ihre Arme und laden Sie auch den Regen herzlich zu Ihnen ein.

Annahme statt Veränderung

Barnow (2015) empfiehlt uns, abzuwägen, wann es sich lohne, zu kämpfen, und was man dadurch erreichen könne. Treffe uns „ein Ereignis, das nicht änderbar ist, ist oft die beste Strategie, das Ereignis und die Folgen erst einmal zu akzeptieren". Man solle die Situation nicht einfach *hinnehmen,* sondern versuchen, die mit dem Ereignis verbundenen Gefühle, wie beispielsweise Traurigkeit oder Ärger, *anzunehmen.* Unter *Akzeptanz* versteht Barnow „das bewusste Annehmen der aktuellen Situation und der daraus resultierenden Gefühle ohne den Versuch, diese zu verändern".

Was bedeutet das konkret für uns? Alles, was gegeben ist und was wir nicht ändern können, brauchen wir auch nicht versuchen zu verändern. Das wäre alles vergebene Liebesmüh und unnötige Energieverschwendung. Daher akzeptieren wir es besser, wie es ist, nehmen die Situation und unsere Gefühle so an, wie sie sind. Myers (2013) analysiert die Bedeutung eines positiven Selbstwertes und macht eine interessante Schlussfolgerung: „Akzeptiere Dich selbst und Du wirst andere leichter akzeptieren können". Wie wäre es, gelegentlich nicht nur die Situationen, sondern auch uns selbst bewusst anzunehmen – ohne den Versuch, uns zu verändern?

Mit viel Übung gelingt es uns hin und wieder auch, das Glück im Nicht-Bereich zu finden. In diesem Kontext kann nochmals das Beispiel mit dem Wetter aufgenommen werden: Wenn es hagelt, blitzt und donnert, können wir uns darüber aufregen, in Sorge sein oder das Wetter verfluchen – all das ändert am Wetter aber nichts. Die Energie, die wir für „negative Gedanken" aufbringen, könnte auch sinnvoller eingesetzt werden. Wir könnten nämlich auch glücklich über das Wetter sein. Es hagelt, blitzt und donnert ja ohnehin – da spielt unsere Einstellung überhaupt keine Rolle. Wenn wir dabei mithin glücklich sind, interessiert das das Wetter nicht, uns aber sehr wohl. Warum unglücklich sein, wenn es auch glücklich geht?

Die (bedingungslose) Annahme des Nicht-Bereichs bedeutet auch, dass wir die Grenzen unseres Handelns, unseres Wirkens, unseres Einflusses akzeptieren. Jeder Einzelne von uns hat nur einen kleinen Wirkungskreis – sehr viele Abläufe finden gänzlich ohne uns statt. Sich das bewusst zu machen, kann die Demut fördern. Der Planet Erde braucht uns für die meisten Geschehnisse nicht, diese funktionieren auch ohne uns.

In der heute manchmal so grenzenlos scheinenden Welt gibt es dennoch eine Grenze: Dort, wo der Nicht-Bereich beginnt, endet unsere Macht. Macht hingegen haben wir lediglich über den Ich-Bereich – doch diese kann uns niemand nehmen.

Fragen

- Was fällt Ihnen ein, wenn Sie an den Nicht-Bereich denken?
- Können Sie den Nicht-Bereich annehmen und akzeptieren, wie er ist?
- Was hindert Sie manchmal daran?
- Was könnte Ihnen die bedingungslose Annahme des Nicht-Bereichs erleichtern?

Loslassen – Abgeben – Abheben

> Wenn du loslässt, hast du zwei Hände frei (chinesisches Sprichwort).

Sobald wir die Grenzen unseres Tuns und Wirkens (an-) erkennen können, haben wir die Chance, die Kontrolle über den Nicht-Bereich loszulassen. Was auch heißt, die Verantwortung dafür vollständig abzugeben. Wir müssen uns diese Last nicht länger aufbürden, wir müssen uns nicht länger für das verantwortlich machen, was nicht in unsere Hände (den Ich-Bereich) fällt. Wenn Sie bisher Verantwortung für Geschehnisse übernommen haben, die nicht in Ihrem Ich-Bereich lagen, wissen Sie ja, wie viel Kraft und Energie das kosten kann. Das saugt uns aus und lähmt uns regelrecht. Denn stetes Bemühen, etwas zu verändern und zu bewirken, das erfolglos bleibt, mündet in Hilflosigkeit. Wir tun uns viel leichter, sobald wir erkannt haben: *Nicht der Ich-Bereich? Nicht unser Bereich!*

Es wird Ihnen das Loslassen besser gelingen, wenn Sie versuchen, aufrichtig zu verzeihen. Das Verzeihen spielt beim Loslassen häufig eine große Rolle: Wenn Sie einem Mitmenschen nicht verzeihen können, dann wird es Ihnen nur schwer gelingen, sich von dieser Person zu lösen. Darum empfehle ich, beispielsweise einen Brief zu schreiben, um Ihrem Mitmenschen, aber auch sich selbst zu verzeihen. Vergeben Sie sich selbst und vergeben Sie den anderen. Sie können den Brief auch in Ihrer Schublade liegen lassen und ihn nicht abschicken – ihn allein verfasst zu haben, bewirkt bereits vieles.

Eine Schale bilden

Wilbers (2013) präsentiert uns einen Weg, der das Loslassen stark vereinfachen kann: „Wir finden unsere Werte und unsere Ethik auf einer höheren Ebene: Indem wir uns dazu bekennen, dass wir Teil eines Netzwerkes sind, dass wir im Grunde empfangen statt entwickeln, dass unsere Aufgabe darin besteht, präsent und achtsam eine Schale für das Leben zu bilden, in die es hineinfließen kann." Es gibt daher einen Grund, sich in Loslassen, aber auch in Verzeihung und Vergebung zu üben: Aus einer „höheren Ebene" betrachtet diene alles dem Leben selbst.

Wenn wir uns in Verzeihung und Vergebung üben, so schenkt uns das eine wunderschöne Leichtigkeit. Die Last zieht von dannen und wir können unsere Kraft und Energie nun für andere, viel wichtigere Dinge nutzen (insbesondere für die Aufgaben im Ich-Bereich, denn nicht nur in Baumärkten, auch im Ich-Bereich gibt es immer was zu tun). Warum sich nicht auch mal zurücknehmen können, warum nicht einmal die eigenen Grenzen anerkennen und einsehen: Das ist nicht mehr mein Ich-Bereich?

Manchen Menschen fällt es vielleicht leichter, die eben vorgestellten Gedanken nachzuvollziehen, wenn sie folgende Metapher gelesen haben: Wenn wir ein Geschenk an einen viele Kilometer weit weg wohnenden Verwandten schicken möchten, was machen wir dann? Wir überlegen uns ein passendes Geschenk, gehen in ein Geschäft und kaufen es dort, lassen es einpacken oder verpacken es selbst, schreiben noch ein paar Sätze dazu und bringen es dann zu einem Paketdienst. Bis zu diesem Zeitpunkt haben wir alles Nötige gemacht, damit es verschickt werden kann. Jetzt ist der Moment des Abgebens gekommen: Wir übergeben das Paket an eine Filiale eines Paketdienstes. Wir meinen es sicher und gehen davon aus, dass es hoffentlich pünktlich und zuverlässig an unseren Verwandten übergeben wird. Wir bringen das Paket nicht selbst dorthin! Müssten wir dies selbst machen, raubte uns das viel Zeit und wohl einige Nerven. Mit dem Paket geben wir die Kontrolle ab. Das schenkt uns die Leichtigkeit. Vielleicht bemerken Sie, wie sie sich nach und nach breit macht …

Fragen

* Welche Pakete tragen Sie noch auf Ihrem Rücken?
* Wann wollen Sie diese abschicken?
* Was hindert Sie auf Ihrem Weg dorthin?
* Die Filialen der kosmischen Paketdienste haben stets geöffnet, Sie brauchen nur hinzugehen.

Die Dimension Zeit

Nicht weil es Zeit gibt,
gibt es Veränderung.
Sondern die Zeit existiert,
um die Veränderung sichtbar zu machen.

Es gibt Veränderung ohne Zeit,
aber keine Zeit ohne Veränderung.
Der Fluss der Veränderung
ist unaufhaltsam.

Wir leben in einer Zeit, in der alles schneller und schneller gehen muss, in der schneller noch nicht schnell genug ist und in welcher sofort noch nicht sofort genug ist … Informationsflut aufs Smartphone, Datenflut übers Drahtlosnetzwerk und E-Mail-Flut auf die Armbanduhr. Gegen das Alter gibt es Schönheitschirurgie und Verjüngungskur, gegen den Zahn der Zeit die Medizin der Unendlichkeit. Jedermann scheint nur darauf zu warten, dass die Grenze der Lichtgeschwindigkeit gesprengt wird, das Tor zur Vergangenheit geöffnet wird …

In einer solchen Zeit möchte ich in diesem Zusammenhang die Dimension Zeit beleuchten und ihr am Beispiel des Nicht-Bereichs das nehmen, was sie zu viel hat: die Vergangenheit und die Zukunft.

Veränderung im Jetzt

Die Therapeutin Elisabeth Grubenmann unterstützt ihre Klienten darin, Erlebnisse der Vergangenheit, die sie bisher seelisch noch nicht gut verdaut haben, zu verarbeiten.

Nach Grubenmann (2010) „finden Veränderungen des Erlebens und Verhaltens in der Vergegenwärtigung der Vergangenheit statt, d. h. im gegenwärtigen Erleben des Klienten". Daher versuche sie, „aus der Vergangenheit immer wieder ins Hier und Jetzt zu gelangen und das Was und Wie des aktuellen Erlebens und Verhaltens zu erörtern".

Manchmal stelle ich mir vor, das rechte Auge sei das der Zukunft und das linke das der Vergangenheit. Wenn wir beide Augen schließen, können wir die Zeit erfahren. Die Zeit: das Hier und Jetzt. Dann sind wir imstande, uns auf unser Herz, auf unser Gefühl und auf all das zu konzentrieren, was in uns lebt, was uns ausmacht, was uns prägt. Vielleicht erkennen wir in dieser Welt – fernab von Zukunftsängsten und Vergangenheitsfrust – wer wir sind und wer wir sein wollen. Mit zwei geschlossenen Augen können wir (wieder?) auf unseren Instinkt hören und nach ihm, für ihn, in ihm leben. Wie es auch die Tiere tun, wenn ein Tier ein Tier sein darf und nicht nur ein Objekt für den menschlichen Zweck. Ich bin davon überzeugt, dass wir uns selbst viel näherkommen, wenn wir uns für den gelassenen Umgang mit der Zeit an der Natur orientieren: an den Tieren, an den Jahreszeiten und an den Wolken, die am Horizont weiterziehen.

In meinen Augen können wir nicht glücklich werden, indem wir das Glück im Vergangenen oder Zukünftigen suchen. Das Glück, so haben Sie vielleicht auch selbst schon erfahren, liegt immer im Augenblick – und kann zugleich mit ihm verfallen.

Vergangenheit heißt Nicht-Bereich: Das Geschehene können wir nicht ändern. Den Nicht-Bereich beeinflussen zu wollen, gleicht einem Versuch, die Vergangenheit zu ändern. Jedoch können wir nicht, wie im Film, in eine Zeitmaschine steigen und die Zeit zurückdrehen. Ich habe für mich einen Weg gefunden, mit der Vergangenheit umzugehen. Dabei versuche ich, die Vergangenheit so zu sehen, wie sie ist: Die Vergangenheit hat uns zu dem gemacht, wer wir sind. Ihr verdanken wir, dass wir sind, wer wir sind. Zugleich ist alles, was wir aus der Vergangenheit mitgebracht haben, unsere Erinnerung.

Zukunft heißt ebenfalls Nicht-Bereich: Denn wir können niemals in der Zukunft handeln. Die Handlung geschieht immer in diesem Augenblick. Das Zukünftige können wir deshalb nur bedingt beeinflussen. Zukunft, was ist das überhaupt? Wir wissen ja nicht einmal, ob und wie wir sie erleben dürfen. Wir können uns unsere Zukunft ausmalen, doch ob sie jemals so eintreffen wird, reicht weit über unsere Kräfte hinaus. Das, was wir Zukunft nennen, ist im Grunde nichts anderes als eine Utopie.

Schaffenskraft

Sich mit der Zukunft zu beschäftigen, muss aber nicht negativ sein: Wenn Sie beispielsweise den Traum eines Einfamilienhauses hegen, können Sie Ihre Bemühungen intensivieren, indem Sie immer wieder das zukünftige, fertige Haus vor Ihrem inneren Auge sehen. Dies setzt neue Kräfte frei und beflügelt Sie in Ihrem *jetzigen* Tun. Wir tun daher gut daran, mit der Zukunft zu leben, anstatt gegen sie anzukämpfen.

Doch da wir schon über Vergangenheit und Zukunft sprechen, würde mich interessieren, ob Sie sich schon einmal Gedanken darüber gemacht haben, wie die Erde entstanden ist. Wo kommt das Leben her? Was war vor ihm da? Was gab es vor dieser Welt?

Wenn man einen Menschenbürger fragt, wie die Welt entstanden sei, so erhält man meist eine der folgenden Antworten: Entweder sei sie durch den lieben Gott entstanden oder aber, so die hierzulande meist geläufigere Antwort, durch den Urknall. Beide Antworten klingen plausibel und wir sind ihnen schon häufig begegnet. Aber können wir sie durch unseren Verstand begreifen, können wir die Logik nachvollziehen?

Dass „Gott" sich unserer Logik entzieht, ist wohl unbestritten. Er hat die Natur und den Menschen erschaffen, Er herrscht über Krieg und Frieden, Leben und Tod, über Licht und Dunkelheit. Ihm sind keine Grenzen gesetzt. Sobald man laut seine Zweifel hegt, wenn man mit einem religiösen Menschen spricht, hört man häufig, „aber Gott kann das" oder als Begründung: „Denn das ist Gott". „Gott" erhält eine Sonderstellung, welche sich über der menschlichen Logik befindet und darum nicht erklärt, sondern nur erfahren werden kann.

Bis hierhin ist das nichts Neues für Sie und daher will ich Sie nicht weiter langweilen, sondern zu dem mir viel wichtigeren Punkt kommen: Die Welt sei durch den Urknall entstanden und die Wissenschaftler stimmen fröhlich überein. Doch jetzt frage ich mich, wie der Urknall entstanden ist. Aus dem Nichts? Doch wie kann es Nichts sein, wenn daraus etwas entstehen kann? Oder ist der

Urknall aus Gasen entstanden? Doch woher kommen dann diese Gase? Was war vor den Gasen da? Wir können das auf Atome herunterbrechen, doch der Gedanke bleibt derselbe: Aus irgendetwas muss etwas entstanden sein – doch dieses *Irgendetwas* muss aus dem Nichts entstanden sein oder schon ewig – das heißt *immer* – existieren. Wie aus „Nichts" „Etwas" wird, erscheint uns wohl ebenso nicht plausibel wie die Annahme, dass es die Ewigkeit gibt.

Auch die Welt wollen wir begrenzen und setzen ihr einen Anfangs- und implizieren damit einen Endpunkt. Alles, was einen Anfang in sich trägt, besitzt wohl auch ein Ende. An diesem Punkt angelangt ist es wichtig, sich nochmal einzugestehen, dass der Mensch die Welt nicht verstehen *kann!* Unser Verstand reicht dazu nicht aus, er ist zu klein (oder zu groß?). Beide Theorien der Weltentstehung (aus *Nichts* entsteht *Etwas;* die Welt besteht schon immer) sowie die Annahme eines Gottes sind schlichtweg unbegreiflich für den Verstand.

Meiner persönlichen Meinung nach besitzt die Welt kein Ende, da es in ihr keinen Anfang gibt. Anfang und Ende betrachte ich als „menschengemacht": Das hat nichts mit Leben zu tun. Ist es nicht so, dass sich alles verformt, sich alles verändert …? Dann ist nichts Beginn, nichts ist Ende, alles ist Veränderung. Auch wenn wir das mit unserem Verstand nicht begreifen (können). Aber ich gehe davon aus, dass wir einen Zustand erreichen, in welchem wir dieses „unlogische" Phänomen verstehen werden; einen Zustand, der unseren Verstand ausweitet (oder einengt?), um die Wahrheit zu erfassen. Ich stelle mir das ähnlich dem nächtlichen Schlaf vor: Manchmal spürt man im Traum, dass etwas nicht stimmt, dass etwas nicht der Logik entspricht – doch versteht man es im Traum meist noch nicht. Das Erwachen erlöst einen dann von dieser Wirrnis und man ist sich bewusst, dass das „nur ein Traum" gewesen sei.

Vielleicht können wir – wie in einem Traum – die Wahrheit nicht erkennen, die Logik nicht begreifen. Vielleicht können wir nie wissen oder verstehen, warum wir hier auf Erden sind. Doch das alles zählt – wie die Zukunft – zum Nicht-Bereich und braucht uns deswegen nicht weiter zu beschäftigen. Wenn wir es nicht begreifen *können,* hilft auch alles Grübeln nichts. Aber etwas anderes liegt in unserer Macht: der Glaube.

Nur ein Traum?

Sie kennen sicherlich diese intensiven Träume, die so „real" scheinen, und die dennoch mit dem Augenöffnen erlöschen. „Ach, das war nur ein Traum", denken wir dann und beruhigen unseren Verstand. Doch was ist Traum, was ist Wirklichkeit? Möglicherweise ist das Leben auch bloß ein Traum, aus welchem wir irgendwann (mit dem Tod?) erwachen werden. Mag sich das Leben noch so wirklich anfühlen, die Träume stehen dem meist in nichts nach. Aber wie dem auch sei: Ich wünsche Ihnen, dass Sie diesen „Traum" dann gelebt und genossen – und an das Leben geglaubt haben.

Glauben Sie daran, dass aus Nichts etwas entsteht. Oder, dass es die Ewigkeit gibt. Oder glauben Sie an Gott. Suchen Sie sich das aus, was Ihrer Person entspricht – und glauben Sie daran. Glauben heißt auch, auf sein Herz zu hören, nicht auf den Verstand. Da wir sowohl den Anfang der Welt als auch die Vorstellung der Ewigkeit nicht begreifen, bleibt uns nur, es zu *erfahren* – und bis es so weit ist, an eine Weltentstehungstheorie zu glauben.

Wenn wir das Tor zur Vergangenheit tatsächlich eines Tages öffnen, dann wird uns vielleicht auch bewusst, dass wir aus „jener Zeit" kommen. Doch momentan wollen wir von dort nur fort. Sofern Sie das nicht verstehen, können Sie sich vielleicht damit trösten, dass ich es eben so wenig verstehe. Denn im Gegensatz zu Lebensmitteln kann das Glück nicht konserviert werden. Wir müssen es ausleben, erleben, leben.

Merksatz

Jeder Gedanke wird augenblicklich Vergangenheit – und das bleibt bis in alle Ewigkeit.

Wenn Sie diesen Merksatz verinnerlicht haben, machen Sie einen großen Schritt in Richtung Ich kann!-Prinzip. Lassen Sie Ihren Gedanken Tätigkeiten folgen. Damit richten Sie das Augenmerk von der Vergangenheit ins Hier und Jetzt, vom Nicht-Bereich in den Ich-Bereich. Sie treten damit mitten in Ihr Leben!

Fragen

- Leben Sie in diesem Augenblick, im Hier und Jetzt?
- Können Sie Ihre Vergangenheit dem Nicht-Bereich übergeben?
- Können Sie Ihre Zukunft dem Nicht-Bereich übergeben?

- Fällt es Ihnen dadurch leichter, im Hier und Jetzt zu leben?
- Glauben Sie an Gott?
- Glauben Sie an die Ewigkeit?
- Glauben Sie, dass aus dem Nichts etwas entstehen kann?
- Ehe wir die Wahrheit selbst erfahren, wollen wir an sie glauben.

Forderungen an den Nicht-Bereich

> Der Priester sitzt daheim und zerzupft die Messgewänder, doch der Arzt soll alles richten, mit seiner zarten, chirurgischen Hand (Franz Kafka).

Häufig tragen wir, bewusst oder unbewusst, Forderungen an den Nicht-Bereich in uns. Beispielsweise planen wir, eine Strecke mit dem Auto zurückzulegen und erwarten, dass auf der Autobahn kein Stau vorherrscht. Wir planen einen kleinen Zeitpuffer ein, aber keinen, der einen langen Stau abdecken könnte. Somit gehen wir davon aus, dass die Autobahn (repräsentiert den Nicht-Bereich) frei ist (Forderung oder Erwartung an den Nicht-Bereich). Dies hat zur Folge, dass wir unser Glück von Umständen abhängig machen, die wir selbst nicht ändern können – Umstände, auf die wir selbst keinen Einfluss haben. Solange diese Forderungen durch den Nicht-Bereich erfüllt werden, ist alles gut. Es treten keine Probleme auf, wir werden uns unserer Forderung meist erst gar nicht bewusst. Doch was passiert, wenn der Nicht-Bereich die Forderung nicht erfüllt?

Beispiel: Störenfriede auf der Autobahn

An einem schönen Sommertag möchte Sören Frieda einen
Besuch in ihrer kleinen Heimatstadt Dagobertshausen (Hes-
sen) abstatten. Der Käfer ist fahrbereit und laut Navigati-
onsgerät muss Sören knappe drei Stunden für die Strecke
einplanen. Doch auf der Autobahn herrscht außerordent-
lich viel Verkehr, wahrscheinlich weil die Bahn streikt (das
macht sie, weil ein verlängertes Wochenende ist). Wie es
nun mal so kommt, muss der übergroße Lkw den noch grö-
ßeren Transporter rammen – natürlich mitten in der Baustelle. Wer schon einmal einen Unfall in einer Baustelle auf
der Autobahn miterlebt hat, weiß, wie lange so etwas dau-
ern kann. Sören und Frieda wissen das nun auch.

Sören hat sich auf die Zeit seines Navis verlassen, doch
dieses konnte mit dem Stau nicht rechnen. Den Stau kann
Sören nicht beeinflussen, das ist Nicht-Bereich. Er kann
aber früher losfahren – doch ist es sinnvoll, von einem
Stau in dieser Größenordnung auszugehen und sich entsprechend früh auf den Weg zu machen? Im Stau selbst
kann er den Stau nicht auflösen, aber immerhin liegt es
in seiner Macht, die Zeit sinnvoll zu nutzen – denn das
fällt in seinen Ich-Bereich. Er kann ein Hörbuch hören,
Gedichte rezitieren oder sich Phantasiegeschichten ausmalen, oder etwas anderes, das ihm Freude bereitet.

Generell können wir festhalten: Wenn wir Entscheidungen treffen, die vom Nicht-Bereich nicht losgelöst sind,
so ist die Gefahr groß, dass wir Enttäuschungen hinnehmen müssen. Der Nicht-Bereich ist nicht dazu da, unsere
Erwartungen zu erfüllen. Jede Erwartung, die wir an ihn
herantragen, kann ebenso gut unerfüllt bleiben wie erfüllt
werden. Wenn wir uns das bewusst machen, können wir

uns selbst Folgendes fragen: *Würden wir dieselben Entscheidungen treffen, wenn wir davon ausgingen, dass uns der
Nicht-Bereich im Stich lässt?*

Bedeutet das im Umkehrschluss, dass wir besser immer
von der Nicht-Erfüllung unserer Forderungen an den
Nicht-Bereich ausgehen sollen, sodass wir nicht mehr enttäuscht werden können? Oder sollten wir diese Forderungen ganz auflösen? Ich frage Sie: Was halten Sie von diesen
beiden Ideen? Welche sagt Ihnen mehr zu? Ich für meinen
Teil möchte behaupten, dass es nicht notwendig ist, keine
Forderungen mehr an den Nicht-Bereich zu stellen. Aber
es ist in meinen Augen notwendig, zu erkennen, dass der
Nicht-Bereich Forderungen sowohl erfüllen als auch nicht
erfüllen kann. Beides ist möglich, darum sollte man ihm
beide Möglichkeiten gewähren.

Um auf das Zitat von Franz Kafka zurückzukommen:
Wir können unsere Gesundheit in die Hände der Haus-
ärzte, der Chirurgen und Therapeuten legen. Wir können
aber auch selbst auf eine gesunde, bewusste Ernährung
und Lebensweise achten, gefüttert mit dem Glauben an
unsere Gesundheit.

Inwieweit der Nicht-Bereich unsere Entscheidungen beeinflusst, zeigt uns an, wie weit wir von unserem
Ich-Bereich entfernt sind. Je stärker wir uns durch den
Nicht-Bereich beeinflussen lassen, desto weiter sind wir
vom Ich-Bereich entfernt. Wer sich nicht in seinem Ich-
Bereich befindet, wird auf Dauer unglücklich werden.
Denn dieser ist immer abhängig vom Nicht-Bereich, er
vertraut nämlich auf die Erfüllung seiner Forderungen
an den Nicht-Bereich. Diese werden zwar immer wieder positiv, häufig aber auch negativ, das heißt zu seinen

Ungunsten, ausfallen. Ob die Autobahn frei ist und wir ohne Stau in kurzer Zeit unsere gewählte Route hinterlegen, können wir während der Fahrt nicht beeinflussen. Wir haben aber die Möglichkeit, bestimmte Vorkehrungen zu treffen, sodass wir eher auf der „sicheren Seite" sind (eine Garantie, dass wir dann pünktlich kommen, haben wir dennoch nicht). Wir können beispielsweise nachts fahren, denn nachts herrscht nur in den seltensten Fällen Stau. Wir können auch einen Puffer von mehreren Stunden einplanen, oder wir nehmen den Zug statt des Autos. Ob wir diese Möglichkeiten nutzen, liegt wiederum im Ich-Bereich.

Fragen

- Welche Forderungen haben Sie an den Nicht-Bereich?
- In welchen Fällen wurden sie erfüllt?
- In welchen Fällen wurden sie nicht erfüllt?
- Gibt es eine Möglichkeit, den Nicht-Bereich auch anzunehmen, wenn er die Forderungen nicht erfüllt?

Gefahren des Nicht-Bereichs

> Dunkelheit ist die Abwesenheit von Licht (philosophische Weisheit).

Wohl wahr: Vom Nicht-Bereich gehen permanent Gefahren aus. Noch heute kann ein Flugzeug unser Zuhause zerstören, wir können in einen schlimmen Autounfall verwickelt

werden und auch den Launen der Natur sind wir teils hilflos ausgesetzt. Doch von allen Gefahren sind sicherlich zwei
die größten, weil sie am wahrscheinlichsten sind:

Zum einen die Gefahr, dass wir versuchen, Anteile aus
dem Nicht-Bereich in unseren Ich-Bereich aufzunehmen,
die sich aber nicht aufnehmen lassen. Das bedeutet, dass
unser Ich-Bereich zu groß gefasst ist und wir Verantwortung für etwas übernehmen, für das wir keine Verantwortung übernehmen bräuchten. Wenn wir beispielsweise
durch Nachbarn gestört werden, diese uns das Wohnen
sehr beschwerlich machen und uns immer wieder die
Ruhe rauben, so hat das nicht unbedingt etwas mit uns zu
tun. Dieses Verhalten gehört in den Nicht-Bereich, weil
wir es nicht kontrollieren können. Wir können auf anderer Ebene aktiv werden: Ob wir uns bemühen, ein fried-
liches Gespräch zu führen, ob wir auf sie zugehen oder
gänzlich abweisen, ob wir uns rächen wollen oder ihnen
Böses wünschen – das alles ist Ich-Bereich, dafür sind
wir verantwortlich. Das Verhalten der Nachbarn ändern
wir aber nur bedingt, vielleicht ändern wir es überhaupt
nicht. Wenn wir versuchen, auf das Verhalten der Nachbarn Einfluss zu nehmen, ist es gut möglich, dass wir
niemals einen Erfolg sehen. Das macht uns unglücklich,
denn es vermittelt uns, dass wir unfähig sind, und das
gleich in doppelter Hinsicht: Zum einen sind wir unfähig,
Einfluss auf das Verhalten unserer Nachbarn zu nehmen,
zum anderen sind wir unfähig, den Nicht-Bereich einfach
Nicht-Bereich sein zu lassen. Wenn wir indes unser Verhalten in den Mittelpunkt stellen und nur die Verantwortung für unser Verhalten übernehmen, so können wir zu

jedem Zeitpunkt einen Erfolg sehen. Unsere Bemühungen finden im Ich-Bereich statt und wirken sich deshalb aus – indem wir zum Beispiel bei den Nachbarn klingeln, um eine Klärung der Probleme herbeizuführen, oder indem wir einfach positiv an sie denken.

Wenn wir uns dagegen immer wieder mit dem Nicht-Bereich beschäftigen, gegen ihn ankämpfen und unsere Energie gegen ihn verwenden, werden wir nach und nach den Ich-Bereich aus den Augen verlieren. Unsere Bemühungen gelten dann nicht länger der Verbesserung unseres Ich-Bereichs, sondern der Beeinflussung des Nicht-Bereichs. Diese wird aber keine Früchte tragen, niemals von Erfolg gekrönt sein. Denn Nicht-Bereich heißt, dass er nicht durch uns zu beeinflussen ist: Erst das macht den Nicht-Bereich zum Nicht-Bereich.

Gelassenheit

Gelassenheit ist nach Kunhardt (2014) „ein wahrer Energiesparer. Sie bringt ein acht Jahre längeres Leben". Dagegen gebe es auch viele *unkontrollierbare Energieräuber.* Hierzu zählt er das unbedingte Festhalten, Durchsetzen, das Streben nach Anerkennung und Rechthaben wollen. Unkontrollierbar ist es vor allen Dingen, wenn wir im Nicht-Bereich agieren – hierbei können wir den Ausgang des Ergebnisses nicht beeinflussen. Darum ist es umso bedeutsamer, dem Nicht-Bereich gelassen zu begegnen.

Jedes dagegen Ankämpfen ist vergebene Liebesmüh, raubt uns unsere Nerven und unsere Kraft. Doch nicht nur unsere Kraft, auch unsere Gefühle werden peu à peu abnehmen, bildlich gesprochen zu einem Schattendasein mutieren. Unser Mitgefühl nimmt über die Zeit hinweg ab, die Gleichgültigkeit nimmt weiter zu. Die Gefühle *wohnen* im Ich-Bereich. Wenn wir uns aber überwiegend im Nicht-Bereich aufhalten, können wir uns nicht mehr um die Gefühle kümmern und sie vertrocknen wie die Orchidee in der verlassenen Wohnung. Wer Gefühle *er-leben* möchte, der muss sich selbst *er-leben* können. Wir können uns selbst jedoch nur dann erleben, wenn wir *bei uns* sind, uns im Ich-Bereich befinden. Im Ich-Bereich sind wir die Schöpfer. Im Nicht-Bereich hingegen gleichen wir einem Laubblatt, das durch den Wind geschleudert wird: Es weiß nicht, was als nächstes kommt. Es ist dem Wind hilflos ausgesetzt und jedwedes Sich-Wehren ist zwecklos, weil es, verglichen mit dem mächtigen Wind, klein und machtlos ist. Erst, wenn das Laubblatt das erkennt, lässt es sich vom Winde forttragen, kann vielleicht diese willkürlichen Abenteuerreisen sogar genießen. Jedenfalls tut es gut daran, den Wind anzunehmen, anstatt mit ihm Kämpfe auszufechten.

Desweiteren besteht die Gefahr, dass wir Teile des Ich-Bereichs in den Nicht-Bereich verlagern. Dadurch geben wir die Kontrolle über Geschehnisse (un-)willentlich ab. Das heißt, wir fassen unseren Ich-Bereich zu klein. Gemäß der einleitenden philosophischen Weisheit ist der Nicht-Bereich die Abwesenheit des Ich-Bereichs: Worüber wir potenziell verfügen könnten, geben wir auf und hoffen, dass andere Personen sich um unser Glück kümmern, den Wind vom Laubblatt fernhalten – und die Dunkelheit mit ihrem Licht auslöschen.

In unserem Beispiel würde das bedeuten, dass wir davon ausgingen, dass wir unseren Nachbarn hilflos ausgesetzt sind. Wir sagen uns, dass wir deren Verhalten nicht ändern können und bedauern unsere Ohnmacht. Doch sind wir wirklich ohnmächtig? Wir sind zwar nicht zwingend befähigt, ihr Verhalten zu ändern – aber ohnmächtig macht uns das nicht. Wir können mit ihnen sprechen oder sie ignorieren, wir können auf sie zugehen oder unseren Auszug veranlassen. Der ein oder andere Vorschlag mag Ihnen eventuell nicht besonders attraktiv erscheinen. Es heißt leider, die Welt sei kein Ponyhof, und meiner Meinung nach spielt nicht jeder Nachbar unser Wunschkonzert. Wohl oder übel werden wir uns immer wieder auch mit unangenehmen Situationen auseinandersetzen müssen. Doch wenn wir den Ich-Bereich nicht aus den Augen verlieren, brauchen wir uns ihnen nicht hilflos ausgesetzt zu fühlen.

Stellen wir Erwartungen an den Nicht-Bereich, welche nicht erfüllt werden, so sind wir in der Regel traurig, niedergeschlagen und enttäuscht. Jede Erwartung, die vom Nicht-Bereich abhängig ist, knüpft unser Glück an eine Bedingung: Der Nicht-Bereich muss zu unseren Gunsten ausfallen. Ist das nicht der Fall, sind wir unmittelbar unglücklich. Das bedeutet, dass wir uns vom Nicht-Bereich abhängig machen und wir nur *bedingt* glücklich sein können (vgl. Kapitel „Forderungen an den Nicht-Bereich"). Die Kontrolle darüber, glücklich sein zu können, geben wir aus der Hand – genauer gesagt vom Ich-Bereich in den Nicht-Bereich. Wir sind dadurch nicht länger in der Lage, über unser Glück zu verfügen. Das Glück muss uns förmlich in den Schoß fallen. Die Gefahr ist unter solchen Voraussetzungen hoch, dass wir immer wieder unglücklich werden. Das liegt nicht an uns, das liegt auch nicht am Ich-Bereich oder Nicht-Bereich, nein, das liegt daran, dass wir das Glück freiwillig in den Nicht-Bereich abgegeben haben.

Von allen Gefahren des Nicht-Bereichs können wir demnach zwei wirklich beeinflussen: die Gefahr, den Ich-Bereich zu klein und den Nicht-Bereich zu groß oder den Nicht-Bereich zu klein und den Ich-Bereich zu groß zu fassen. Doch eben diese sind die wichtigsten und eben diesen gilt es, unser Augenmerk zu widmen.

Fragen

- Welche Kontrolle über den Ich-Bereich geben Sie freiwillig aus der Hand?
- Wie können Sie die Kontrolle darüber zurückgewinnen?
- Wo übernehmen Sie Verantwortung für etwas, das in den Nicht-Bereich gehört?
- In welcher Situation haben Sie sich das letzte Mal ohnmächtig gefühlt?
- Worauf hätten Sie dennoch Einfluss nehmen können?

Kommen und Gehen

Wenn der Wind der Veränderung weht, bauen die einen Mauern und die anderen Windmühlen (chinesisches Sprichwort).

Meine liebe Schwester sagte einst zu mir: „Alexander, das Gute geht vorbei und das Schlechte geht vorbei." Heute kann ich ihr nur beipflichten: Es stimmt, das Leben hat einen bestimmten Rhythmus. So, wie die Helligkeit kommt und geht, wie die Jahreszeiten kommen und gehen, wie die Vögel im Herbst fortziehen und im Frühling wiederkehren, so kommen und gehen das Schöne, das Gute, der Frieden und die Liebe.

Dasselbe gilt auch für den Nicht-Bereich. Der bringt mal Gutes und mal Schlechtes. In schlechten Zeiten möchte man meinen, er brächte nur Schlechtes. Doch glauben Sie meiner Schwester: Das geht vorbei. Erinnern Sie sich an wochenlanges „Sauwetter"? Trotzdem kam irgendwann der nächste Sommer, mit viel Wärme und Sonnenschein. Erinnern Sie sich daran, als die Welt das letzte Mal „still stand" und sich nichts zu bewegen schien? Der Blick nach oben gen Himmel zeigt uns aber, dass die Wolken weiterziehen, sich treiben lassen und neue Formen annehmen.

Sie haben gelernt, den Nicht-Bereich anzunehmen, ihn zu akzeptieren und ihm idealerweise sogar dankbar dafür zu sein, dass er Sie zu jenem Menschen gemacht hat, der Sie nun sind. Sie kennen die Gefahren des Nicht-Bereichs und wissen, dass Forderungen an den Nicht-Bereich häufig ins Leere laufen. Aber wenn Sie an den Nicht-Bereich denken, machen Sie sich auch bewusst, dass er einem Fluss oder den Wolken gleicht: immer in Bewegung, immer getrieben von der Veränderung.

Merksatz

Der Nicht-Bereich ist Ausdruck des Lebens, ist Ausdruck der stetigen Veränderung.

Diese Informationen können uns in schwierigen Zeiten helfen, die Situationen zu ertragen. So dunkel die Nacht auch erscheinen mag, irgendwann schimmert das Licht hindurch. Wohingegen in den schönen, angenehmen Phasen des Lebens uns diese Informationen dazu dienen können, die Augenblicke der Freude noch intensiver zu leben. All das Gute ist nicht selbstverständlich, auch die schönste Stunde geht einmal zu Ende. Wir können das verfluchen und mit unserem Schicksal hadern, doch der ständige Wechsel bleibt. Hell und Dunkel, wachsen und schrumpfen, erinnern und vergessen: So fühlt sich Leben an.

Akzeptanz macht frei

Prof. Matthias Berking (2015) schildert in seinem „Training emotionaler Kompetenzen", dass die *Kompetenz des Akzeptierens und Aushaltens* der negativen Gefühle besonders bedeutsam sei, da Emotionen oft nicht durch den bloßen Willen verändert werden können. Zudem verschaffe es eine gewisse Freiheit, da man nicht darauf angewiesen sei, negative Emotionen zu vermeiden. Übertragen wir das auf den Nicht-Bereich, können wir schlussfolgern, dass wir *frei* werden, sobald wir auch die negativen Seiten des Nicht-Bereichs akzeptieren und aushalten können.

Denken Sie dabei auch an die Atmung, über die ich in Kap. 1 geschrieben habe. Der Atem ist Sinnbild des Lebens: Er kommt, er geht, und kommt, und geht – in schier unaufhörlichem Wechsel. Johann Wolfgang Goethe hat dem Atemholen besonders schöne Zeilen gewidmet:

> Im Atemholen sind zweierlei Gnaden:
> Die Luft einziehen, sich ihrer entladen;
> Jenes bedrängt, dieses erfrischt;
> so wunderbar ist das Leben gemischt.
> Du danke Gott, wenn er dich presst,
> und dank ihm, wenn er dich wieder entlässt.

Das Kommen und Gehen des Atems akzeptieren wir, lassen wir zu – und werden dadurch mit Lebenskraft beschenkt. Mit dem Nicht-Bereich verhält es sich ähnlich wie mit dem Atem. Akzeptieren wir diesen Wechsel des Lebens, das Kommen und Gehen, kann uns das eine einzigartige Freiheit schenken.

Fragen

- An welche schönen Momente erinnern Sie sich?
- An welche schmerzhaften Momente entsinnen Sie sich?
- Können Sie die Veränderung im Alltag sehen?
- Können Sie „Ja" zu diesen Veränderungen sagen?

Fazit: Nicht-Bereich

Weißes erkennt man besser, wenn man Schwarzes dagegen hält (Martin Luther).

Wir haben in diesem Kapitel den Nicht-Bereich kennengelernt und haben gelesen, dass der Nicht-Bereich vorrangig zwei Dinge erfordert: Annahme und Akzeptanz. Ich habe das Wetter als Beispiel gewählt, um das Ganze sinnvoll zu veranschaulichen. Auf diesen Aspekt möchte ich hier zurückkommen. Haben wir denn wirklich nichts gegen das Wetter in der Hand? Sind wir diesem hilflos ausgesetzt und können nichts tun, außer es hinzunehmen und darauf zu warten, dass es besser wird?

Wenn wir darüber nachdenken, merken wir schnell, dass wir eine gewisse „Macht" über das Wetter ausüben können: Indem wir bestimmen, wo wir uns wann aufhalten. Verbringen wir den Winter in Florida, so ist es unwahrscheinlich, dass wir uns dort über Kälte und Schnee ärgern. Unser Fortgang beeinflusst das Wetter hier in Deutschland keineswegs, das ist richtig – aber wir entgehen dem Wetter, das uns missfällt und müssen es somit „nicht nur" annehmen und akzeptieren.

Dasselbe gilt für den Nicht-Bereich: Wir sollten nicht versuchen, das „Problem" im Nicht-Bereich zu verändern, aber wir sollten uns die Möglichkeit einräumen, eine andere, neue Situation aufzusuchen und uns damit vom „Problem" des Nicht-Bereichs zu lösen. Treten zum Beispiel immer wieder Konflikte in einer Beziehung auf, so sollten wir nicht versuchen, auf die Einstellungen und Verhaltensweisen des Partners oder der Partnerin starken Einfluss zu nehmen. In erster Linie gilt es, die Schwierigkeiten anzunehmen und sie zu akzeptieren. Doch wenn wir schlichtweg dazu nicht imstande sind oder uns die Mühe nicht lohnenswert scheint, so ist es in meinen Augen sinnvoll, die Beziehung zu beenden, anstatt sich (oder seinen Partner/seine Partnerin) zu „verbiegen". Vielleicht stellen wir im Nachhinein fest, dass die „unüberwindbaren" Probleme doch hätten behoben werden können – oftmals sieht man die Dinge im Nachhinein selbstkritischer – und bezeichnen unser Handeln dann als „Fehler". Vielleicht finden wir aber eine/n neue/n Partner/in und führen mit ihm/ihr eine Beziehung, die uns viele schöne Momente schenkt und uns strahlen lässt wie an Sonnentagen. Was immer passieren mag: Wir sammeln

Erfahrungen, die wir anders nicht gewonnen hätten. An diesen kostbaren Erfahrungen wachsen wir.

Wenn Sie mit dem Wissen über den Ich-Bereich und den Nicht-Bereich verschiedene Situationen beleuchten oder Konflikte lösen möchten, wird Ihnen sicherlich bewusst, dass eine Unterscheidung hin und wieder sehr schwerfallen kann. Die Grenze zwischen den Bereichen verschwimmt und lässt sich dadurch nicht mehr klar ziehen. Damit sie in solchen Angelegenheiten nicht auf sich allein gestellt sind, werden diese Fälle im nächsten Kapitel beleuchtet.

Literatur

Barnow, S. (2015). *Gefühle im Griff! Wozu man Emotionen braucht und wie man sie reguliert*. Heidelberg: Springer.

Berking, M. (2015). *Training emotionaler Kompetenzen* (Kapitel 2.3). Heidelberg: Springer.

Emoto, M. (2010). *Die Antwort des Wassers* (Bd. 1, S. 129). Burgrain: Koha.

Grubenmann, E. (2010). Vom Gestaltansatz zu Körperzentrierter Psychotherapie. In A. Künzler, C. Böttcher, R. Hartmann, & M.-H. Nussbaum (Hrsg.), *Körperzentrierte Psychotherapie im Dialog. Grundlagen – Anwendungen – Integration. Der IKP-Ansatz von Yvonne Maurer*. Heidelberg: Springer.

Kunhardt, G. v. (2014). *Ein Leben lang leben. Energiepotenziale optimal einsetzen* (S. 188). Heidelberg: Springer.

Myers, D. G. (2013). *Psychologie* (Kapitel „Die Vorteile des Selbstwertgefühls", S. 588). Heidelberg: Springer.

Wilbers, G. (2013). *Selbstcoaching in 7 Tagen – Wie Sie Ihren persönlichen Weg zum Erfolg finden* (Kap. 5 Tag: Loslassen – der Lebensflug beginnt). Wiesbaden: Springer Gabler.

4

Das Zusammenspiel der beiden Bereiche

Beklage nicht, was nicht zu ändern ist, aber ändere,
was zu beklagen ist.

William Shakespeare

Einleitung

Sie haben bereits Einiges über den Ich-Bereich und den
Nicht-Bereich gelesen, doch noch immer habe ich die
beiden Bereiche nicht bildlich veranschaulicht. Ich nehme
an, dass Sie sich, während Sie die bisherigen Seiten gelesen
haben, bereits ein Bild gemacht haben, wie Ihr Ich-Bereich
und wie Ihr Nicht-Bereich aussehen. Ein Bild behält man
sich viel leichter und manche währen ewig fort. Doch
welches Bild haben Sie sich von dem Ich-Bereich und von

© Springer Fachmedien Wiesbaden 2017
A. Hüttner, *Das Ich kann!-Prinzip,*
DOI 10.1007/978-3-658-13215-6_4

dem Nicht-Bereich gemacht? Bisher wurde meinerseits kein Wort darüber gesprochen, wie diese Bereiche aussehen könnten. Demzufolge wurde das Bild, das Sie im Kopf haben, aus Ihrer Vorstellungskraft erschaffen. Auf der nächsten Seite sehen Sie, wie mein Bild der beiden Bereiche aussieht – und vielleicht deckt es sich ja mit Ihrem Bild.

Ehe Sie umblättern, sei noch angemerkt, dass dieses Kapitel den Ich-Bereich vom Nicht-Bereich abgrenzt und gleichzeitig anhand vieler Beispiele aufzeigt, inwieweit einzelne Situationen dem Ich-Bereich oder aber dem Nicht-Bereich zuzuordnen sind. Sie lernen außerdem die sechs Wirkfaktoren des Ich kann!-Prinzips kennen, eignen sich an, welche Schritte Sie bei einem Problem unternehmen können, um eine Lösung herbeizuführen und erfahren etwas über Ihr „Innenleben".

Das Paradox

Ein Bild sagt mehr als Tausend Worte (Sprichwort).

Ist das Bild, das Sie in Abb. 4.1 „Ich-Bereich und Nicht-Bereich" sehen können, Ihrem ähnlich? Fällt Ihnen etwas besonders auf? Mit verschiedenen Menschen habe ich über den Ich- und den Nicht-Bereich gesprochen und allen Personen war eines gemeinsam: Sie haben den Ich-Bereich ebenso groß dargestellt wie den Nicht-Bereich. Ob es nun Kreise, Quadrate oder Ovale waren, ob groß oder klein: Sie waren immer gleich groß.

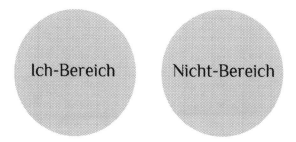

Abb. 4.1 Ich-Bereich und Nicht-Bereich

Das mag auf den ersten Blick gar nichts Außergewöhnliches sein, denn wir Menschen streben nach Harmonie und zwei gleich große Bereiche sind harmonischer als verschieden große. Dennoch ist es auf seine ganz eigene Weise sehr interessant: Schließlich wird der Ich-Bereich nur durch uns selbst vertreten, der Nicht-Bereich hingegen umfasst die gesamte Menschheit, die Erde, das Uni- oder auch Multiversum …

Die Tatsache, dass wohl ein jeder von uns die Bereiche gleich groß auffasst, verdeutlicht, dass wir uns mächtig fühlen. Wir sind dem Nicht-Bereich nicht hilflos ausgesetzt. Sondern dieser Nicht-Bereich besitzt eine gewisse Macht, welche sich in einem Kreis oder Quadrat widerspiegelt. Aber wir, wir allein, besitzen dieselbe, ebenso große Macht. Wir brauchen keinen Vergleich zu scheuen und wir brauchen auch keine Angst zu haben. Was immer im Nicht-Bereich vor sich geht, was immer uns da widerfahren mag – wir haben dem etwas entgegenzusetzen und das ist nichts Geringeres als wir selbst!

> **Merksatz**
>
> Wir sind ebenso mächtig wie der Nicht-Bereich.

An diesem Punkt angelangt, ist es gut, wenn wir uns noch einmal vergegenwärtigen, was sich alles im Nicht-Bereich befindet: Mutter, Vater, Kinder, Großeltern, Geschwister, Freunde, Nachbarn, Bekannte, Verwandte, Fremde; schlichtweg alle Personen, unsere Arbeit, unsere Freizeit, die Tiere, die Natur und ihre Gewalten, die Zeit (Vergangenheit und Zukunft), das Wetter, die Sterne und Wolken am Himmel ... Und all diesem stehen wir gegenüber: genau so stark, genau so groß, genau so mächtig. Das stößt vielleicht dem ein oder anderen sauer auf, aber vermutlich hat auch dieser sich dasselbe Bild ausgemalt. Tief im Inneren scheinen wir zu wissen, dass wir dem Nicht-Bereich nicht hilflos ausgesetzt sind. Tief im Inneren scheinen wir zu wissen, dass wir über ungeheure Kräfte verfügen. Ein jeder von uns: auf seine eigene Art und Weise.

Fragen

- Welche Aspekte fügen Sie Ihrem ganz persönlichen Nicht-Bereich hinzu?
- Was prägt Ihren Ich-Bereich ganz besonders?
- Können Sie diesen Ich-Bereich dem Nicht-Bereich ebenso mächtig gegenüberstellen?
- Über welche enormen Kräfte verfügen Sie?

Unterscheidung

Erst der Strand begrenzt das Meer.

Um die einzelnen Situationen, Probleme oder Gegebenheiten einem der beiden Bereiche zuzuordnen, ist es vorab wichtig, diese Bereiche klar zu unterscheiden. In den vorigen Kapiteln haben Sie sowohl den Ich-Bereich als auch den Nicht-Bereich kennengelernt. Damit sind Sie nun in der Lage, viele Situationen dem richtigen Bereich zuzuschreiben. Hierfür habe ich im Folgenden Beispiele angefügt, damit Sie an dieser Stelle selbst aktiv werden können und die letzten Unklarheiten beseitigt werden. Jedoch gibt es auch Fälle, in welchen sich die beiden Bereiche nicht so einfach trennen lassen, auf diese gehe ich im späteren Verlauf des Kapitels ein.

Das Transaktionale Stressmodell

Eines der einflussreichsten psychologischen Stressmodelle ist das „Transaktionale Stressmodell" von Lazarus und Folkman (1984). Stark verkürzt dargestellt finden zwei Bewertungsprozesse statt: In einem ersten Bewertungsprozess wird die Situation durch ein Individuum entweder als irrelevant, angenehm-positiv oder stressrelevant eingeschätzt. Beim zweiten Schritt erfolgt die Einschätzung der eigenen Bewältigungsfähigkeiten und -möglichkeiten. Das Individuum wägt ab, welche Bewältigungsmöglichkeiten verfügbar sind, welche Erfolgswahrscheinlichkeit diese haben und inwieweit man die Bewältigungsstrategien beherrscht.

Für uns an dieser Stelle wesentlich ist eine weitere Komponente in diesem Modell: die Bewältigungsprozesse eines Individuums. Bewältigung (engl. „coping") ist nach

Lazarus und Folkman als Bemühung anzusehen, die entweder die Kognitionen oder das Verhalten beeinflusst. Die Autoren sprechen von „active coping", wenn eine aktive Bewältigungsstrategie eine Veränderung der Problembedingungen bewirken soll. Hingegen ist das „emotional coping" als Veränderung der „inneren" Welt des Klienten definiert. Das heißt, dass der Klient seine Gefühle zu einer unveränderlichen Situation verändern kann, um diese zu „bewältigen".

Diese Komponente des Transaktionalen Stressmodells erinnert an den Ich-Bereich und den Nicht-Bereich: Den Ich-Bereich können wir verändern, können wir beeinflussen und somit auch ein Ergebnis sehen. Ergo entspricht er dem „active coping". Dem gegenüber steht der Nicht-Bereich, den wir nicht beeinflussen können, aber den wir annehmen, akzeptieren und loslassen dürfen. Wir können unsere Einstellung und unsere Emotionen verändern, um mit großer Gelassenheit die gegebenen, unvermeidbaren Situationen zu betrachten. Dies ähnelt dem „emotional coping".

Das „active coping" gilt als effektivste Form der Problemlösung, sofern die Änderungen in der Macht des Klienten stehen. Der Ich-Bereich setzt diese Bedingung bereits voraus: Nur die Situationen, die in der Macht einer Person stehen, sind dem Ich-Bereich zuzuordnen. Wir können darum schlussfolgern, dass das Verändern des Ich-Bereichs eine sehr effektive Form darstellen kann, Probleme zu bewältigen.

Ich hatte vorhin das Wetter erwähnt, das ein klassisches Beispiel für den Nicht-Bereich ist. Natürlich kann man einwenden, dass man auch einen Einfluss auf das Wetter haben kann: Ist das Ozonloch nicht auch durch den Menschen mitverursacht? Bewirkt es nicht eine Veränderung des Wetters hier auf der Erde? Doch wenn man den Einfluss der einzelnen Person auf das Wetter betrachtet, kommt man kaum umhin, zu bestätigen, dass dieser äußerst gering, ja wohl nichtig ist. Viele Menschen über

Jahre hinweg können da deutlich mehr bewirken. Doch auf eine weitere Weise sind wir dem Wetter nicht hilflos ausgesetzt: Wir können, wie im Kapitel „Nicht-Bereich" beschrieben, andere Wetterverhältnisse aufsuchen. Damit ändern wir das Wetter an sich nicht, doch machen wir uns seine Vielfältigkeit zunutze und uns selbst weniger abhängig vom Nicht-Bereich. Somit hat man *Einfluss über den Einfluss*, den das Wetter auf einen hat. Dieser Einfluss über den Einfluss zählt zum Ich-Bereich.

Merksatz

Wir haben Einfluss über den Einfluss, den das Wetter auf uns hat.

Beispiel: Winter

Der Winter in Deutschland ist wie meine weißen Unterbuchsen: grau und nass. Doch Spaß beiseite, was haben wir in der Hand, um dem grauen Nass, den Monaten von November bis März zu trotzen? In Kap. 3 wurde bereits erwähnt, dass wir beispielsweise nach Florida fliegen könnten und die Monate dort verbringen. Das soll aber nicht heißen, dass wir es uns hier nicht auch schön machen können.

Anstatt über das „schlechte Wetter" zu schimpfen, können wir uns eine Auszeit nehmen und bei einer Tasse Tee und leckeren Keksen die Seele baumeln lassen. Wieso sollen wir das nicht zu einem Ritual erheben? Vielleicht einmal in der Woche – oder auch zweimal, wenn der Frost auf den Scheiben sitzt. Der warme Tee wird nicht genügen, um die grauen Wolken zu vertreiben. Aber ob er Ihre Stimmung anhebt und Sie sich trotz des Wetters wohlfühlen dürfen, das können Sie einfach „tee-sten".

Was man isst, was man anzieht, wann man aufsteht oder schlafen geht – das alles sind Beispiele für den Ich-Bereich. Dies alles können wir kontrollieren, bestimmen, verändern. Zwar mag das teils mit negativen Konsequenzen zusammenhängen, doch wir können auf diese Aktivitäten Einfluss nehmen – ebenso wie auf unsere Atmung, auf unsere Wünsche, auf unsere Gedanken. Sie können nun natürlich zu Recht einwerfen, dass man das Denken nicht immer kontrollieren kann. Es lässt sich zusammenfassen, dass wir zwar meist bewusst Einfluss nehmen können, jedoch nicht immer „Herr unserer Gedanken" sind.

Noch komplexer wird die Unterscheidung der beiden Bereiche hinsichtlich der eigenen Gefühle. Was ich fühle, was ich empfinde, wie ich empfinde, wann ich empfinde – das ist Teil meines Ichs und damit eindeutig dem Ich-Bereich zuzuordnen. Diese Gefühle ändern sich, selbst darüber kann ich manchmal noch die Kontrolle haben und meine Gefühle ein wenig „steuern", doch dieses Steuerrad liegt eher selten in der eigenen Hand.

„Antenne Meins"

Um das zu verdeutlichen, möchte ich eine Metapher über das Radio anbringen. Diese Metapher können wir uns zunutze machen, um die Zugehörigkeit der Gefühle zum Ich-Bereich besser zu verstehen: Wenn wir im Auto sitzen und Musik hören wollen, können wir das Radio einschalten. Wir können auch den Sender wechseln, wenn uns ein Lied nicht gefällt. Aber wann welches Lied gespielt wird, entscheiden wir nicht.

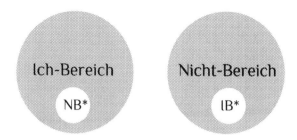

Abb. 4.2 Ich-Bereich und Nicht-Bereich erweitert. (Anmerkung: NB* = Nicht-Bereich, IB* = Ich-Bereich)

Nur weil die Gefühle ein wichtiger Teil unseres Ichs sind, heißt das nicht, dass wir jederzeit „der Kapitän" über diese sind. Nun, was bedeutet das für dieses Modell?

Der Ich-Bereich ist definiert als der Bereich, den wir ändern können, über den wir die Kontrolle besitzen und bei dem wir jederzeit imstande sind, Einfluss zu nehmen. Da dies bei den Gefühlen zweifelsfrei nicht der Fall ist (oder haben Sie jederzeit nur so viele Gefühle für eine Person übrig, wie Sie selbst haben möchten?), ist zu schlussfolgern, dass die Gefühle nicht gänzlich dem Ich-Bereich zugehörig sind. Wie in Abb. 4.2 „Ich-Bereich und Nicht-Bereich erweitert" zu sehen ist, enthält jeder Ich-Bereich auch etwas Nicht-Bereich und in jedem Nicht-Bereich ist ein kleiner Teil Ich-Bereich: Wir können beispielsweise nicht eine Person verändern, jedoch aber die Wahrnehmung auf eine Person. Die Wahrnehmung ist dann dem Ich-Bereich zugehörig, die Person selbst dem Nicht-Bereich.

Die beiden Bereiche können auch gut durch das allgemein bekannte Yin-Yang-Symbol (vgl. Kapitel *Die „Weltenseele"*) repräsentiert werden. Ob Sie den weißen Teil dem Ich-Bereich oder dem Nicht-Bereich zuschreiben, ist

Ihnen überlassen. Da wir schon in Farben sprechen, so können wir auch die Grauzone erwähnen. Manchmal ist nicht klar, ob es weiß oder schwarz ist, manchmal mischen sich die Farben. Ebenso ist es mit den beiden Bereichen. Es ist nicht immer leicht, klar zu definieren, was welchem Bereich zugeordnet werden kann. Doch bisher habe ich die Erfahrung gemacht, dass allein die grobe Unterscheidung von Ich-Bereich und Nicht-Bereich große Verbesserungen mit sich bringt. Anstatt es uns unnötig kompliziert zu machen, sollten wir uns auf das Wesentliche konzentrieren: Erinnern Sie sich, warum Sie dieses Buch in der Hand halten? Wir sollten das Ziel, das wir mit diesem Buch verfolgt haben, nicht aus den Augen verlieren.

Fragen

- In welchen Situationen haben Sie sich heute des „active coping" bedient?
- Auf welche Gefühle und Gedanken können Sie keinen Einfluss nehmen?
- Nutzen Sie den Einfluss über Einfluss, den der Nicht-Bereich auf Sie hat?
- Können Sie Ihre Wahrnehmung ein wenig zu Ihren Gunsten formen?

BALSAM für die Seele: Die 6 Wirkfaktoren

Glückseligkeit ist ein Aufenthalt zwischen zu wenig und zu viel (englisches Sprichwort).

Das Ich- und Nicht-Bereich-Modell wird von sechs sogenannten *Wirkfaktoren* bestimmt. Diese Wirkfaktoren
wurden nicht wissenschaftlich untersucht, konnten auch
noch keiner anderen professionellen Prüfung unterzogen
werden. Sie sind lediglich als theoretisches Konzept zu
verstehen, das dem Ich kann!-Prinzip zugrunde liegt – ob
es weitere Wirkfaktoren gibt oder einzelne der hier vorgestellten unbedeutend sind, kann zum aktuellen Zeitpunkt
mangels standardisierter Tests nicht garantiert werden. Es
wird jedoch angenommen, dass diese Wirkfaktoren die
Gründe dafür sind, warum sich eine Situation verbessert oder warum man sich besser fühlt, sobald man dieses
Modell in die Praxis umsetzt.

Im Nachstehenden werden die Wirkfaktoren kurz auf-
gelistet und anschließend ausführlich erklärt.

1. **B**ewusstsein
2. **A**bstand
3. **L**oslassen
4. **S**elbstwirksamkeit
5. **A**usweg
6. **M**acht

Da wir die Situation oder das Problem in unser ***Bewusstsein*** rufen, erreichen wir schon den ersten wichtigen
Schritt auf dem Weg zur Besserung. Bereits Eckhardt Tolle
(2010) wies darauf hin, dass Dinge kleiner werden oder
gar verschwinden können, wenn man sich diese *bewusst*
macht. Auch in der Psychotherapie kann Schmerz dadurch
geheilt oder gelindert werden, indem man die gesamte
Aufmerksamkeit dem Schmerz widmet. Häufig stellt man

dann fest, dass dieser bedeutend nachlässt. So paradox es klingen mag: Die bewusste Annäherung an den Schmerz lässt ihn gehen. Das achtsame Erleben des gegenwärtigen Moments kann nach neurobiologischen Befunden von Gottwald (2006) auch zur heilsamen Behandlung schmerzhafter Erinnerungen führen. „Aufmerksamkeit, also achtsames gegenwärtiges Erleben, muss [...] auf dem Boden der neurobiologischen Befunde als sehr zentrales Veränderungsmoment angesehen werden."

Der zweite Wirkfaktor besteht darin, dass die Dinge mit *Abstand* betrachtet werden. Wenn wir nicht mehr Teil einer Situation sind, sie stattdessen aber beobachten können, gewinnen wir eine neue, objektivere Sicht. Zudem kann die Situation besser reflektiert werden: Weil man nicht in demselben Maße involviert ist, wie es zuvor schien. Sicher haben Sie sich in einigen Situationen schon von außen sehen können. Dabei stellt man dank des neu erlangten Abstandes häufig fest, dass die Dinge etwas anders sind, als man sie – durch die bloßen Augen betrachtet – wahrgenommen hatte. Als Beispiel hierfür kann eine Tonaufnahme herangezogen werden: Meist ist man verwundert, dass man ganz anders klingt, als man es selbst meinte. Wenn wir eine Situation dem Ich-Bereich oder Nicht-Bereich zuordnen, müssen wir zwangsweise ein wenig Abstand nehmen und gewinnen somit ein Stück weit Objektivität.

Ebenfalls von Bedeutung ist, dass wir einen großen Teil der empfundenen Sorgen, Schulden, Lasten *loslassen.* All die Dinge, die in den Nicht-Bereich fallen, müssen nicht verändert werden, ja – sie können durch uns gar nicht verändert werden. Folglich können wir sie einfach gehen lassen und müssen uns nicht weiter um sie kümmern. Wenn wir uns dies bewusst machen, fällt von uns viel Last ab: Denn alles, was in den Nicht-Bereich fällt, muss nicht länger auf den Schultern getragen werden. Dieses Loslassen schenkt uns eine Leichtigkeit, schließlich kosteten die Bemühungen, die vergebens waren, unzählige Kräfte. Indem wir das aufgeben, fühlen wir uns leicht und frei – wie ein Laubblatt im seligen Flug.

Grundlegend für das Ich kann!-Prinzip ist die **Selbstwirksamkeit.** Sie ist der Motor unseres Tuns, die Triebfeder unseres Handelns. Das Konzept der „Selbstwirksamkeit" von Albert Bandura besagt, dass die Erwartung eines Menschen, eine Handlung aufgrund eigener Kompetenzen erfolgreich durchzuführen, ausschlaggebend für den Erfolg ist. Je mehr eine Person davon überzeugt ist, etwas selbst beeinflussen oder bewirken zu können, desto höher ist ihre Selbstwirksamkeitserwartung. Beim Prinzip der Selbstwirksamkeit gehe es nach Kaschek und Schumacher (2015) darum, „die eigenen Talente und Fähigkeiten realistisch einzuschätzen, einzusetzen, auszuprobieren und eine Erfahrung zu machen. Dies ist ein ungeheuer wichtiger Gedanke. Nicht die Umstände, der Zufall oder das viel zitierte Glück bestimmen über den Erfolg, sondern die eigene internale Kontrollüberzeugung, die sich mit jeder gemachten positiven Erfahrung ausbildet". Das Ich kann!-Prinzip macht es Ihnen leicht, Ihre Selbstwirksamkeit zu erhöhen, denn Ich-Bereich heißt Selbstwirksamkeit: Sie sehen Ihren Einfluss.

Jeder Weg, den wir gehen, führt einen **Ausweg** mit sich. Dieser Ausweg resultiert aus zweierlei Dingen: zum einen aus der Veränderbarkeit unseres Ich-Bereichs. Dies bedeutet, dass jedes Problem, das in den Ich-Bereich fällt, verändert werden kann – ja, durch uns verändert und somit auch gelöst werden kann! Zum anderen resultiert er aus der Nichtveränderbarkeit des Nicht-Bereichs: Liegt das Problem im Nicht-Bereich, suggeriert das unsere Verantwortungslosigkeit. Nun sind Akzeptanz und Annahme gefragt (siehe Kapitel „Nicht-Bereich"). In diesem Falle können wir das Loslassen üben und dadurch den Ausweg des Problems herbeiführen.

Der letzte Wirkfaktor beruht auf der wahrgenommenen *Macht.* Wir werden uns mächtig fühlen, weil wir es selbst sind, die ein Problem respektive eine Situation einem der beiden Bereiche zuordnen. Wir bestimmen. Wir handeln. Wir üben die Macht darüber aus, welchem der beiden Bereiche wir die jeweilige Sache zuweisen. Manche Probleme erscheinen so groß, dass sie uns über den Kopf zu wachsen drohen. Indem wir sie einem der beiden Bereiche zuordnen, müssen wir sie entsprechend klein machen – damit sie in den vorgegebenen Bereich auch hineinpassen. Dies geschieht wiederum durch uns. Ganz gleich, wie groß das Problem vorher war: Wir machen es klein und fügen es in einen der Bereiche ein. Die Welt, in der wir leben, ist somit nicht fremdbestimmt, sondern wir sind es, die darüber herrschen. Wir haben die Macht.

Sie haben soeben die verschiedenen Wirkfaktoren kennengelernt – mögen diese Balsam für Ihre Seele sein! Es gibt aber noch einen weiteren, den „siebten Streich". Dieser ist das kleine i-Tüpfelchen, das Ihren Tag verschönern möchte. Wenn wir das Ich kann!-Prinzip anwenden, erfahren wir *Zuversicht.* Diese resultiert aus der Veränderbarkeit des Problems: Besitzen wir die Möglichkeit,

Geschehnisse zu verändern, so können wir der Welt opti-
mistisch und gelassen entgegenblicken. Denn wir bestimmen darüber, wie diese (unsere!) Welt aussehen soll.

Merksatz

Der schönste Teil des Auges ist die Zuversicht!

Fragen

* Welcher Wirkfaktor spielt in Ihrem Leben eine große
  Rolle?
* Welchen Wirkfaktor können Sie eher vernachlässigen?
* Ist Ihnen bewusst, dass Sie Ihr Leben jederzeit verändern
  können?
* Schließen Sie einen Moment die Augen und betrachten
  Sie alles durch die Zuversicht.

3 Schritte zur Problemlösung

Der einfachste Weg, ein Problem zu lösen, ist, ein leichte-
res zu wählen (Franklin P. Jones).

Schritt 1: Das Problem lokalisieren
Bisher haben wir 2 Bereiche definiert: den Ich-Bereich
und den Nicht-Bereich. Somit können, egal in welchen
Situationen, 4 Konstellationen zustande kommen: Der
Ich-Bereich und der Nicht-Bereich sind wünschenswert;

der Ich-Bereich ist wünschenswert, aber der Nicht-Bereich nicht; der Nicht-Bereich ist wünschenswert, aber der Ich-Bereich nicht oder es sind weder der Ich-Bereich noch der Nicht-Bereich wünschenswert.

Was bedeutet das für uns, was bedeutet das für Probleme, mit denen wir uns auseinandersetzen möchten? Bei Problemen ist die Sache natürlich noch einfacher, denn dann fällt eine der Konstellationen weg: Wenn der Ich-Bereich und der Nicht-Bereich wünschenswert sind, haben wir kein Problem. Somit bleiben nur drei Möglichkeiten übrig und es gilt, vorab zu klären: Wo befindet sich meiner Ansicht nach das Problem? Liegt es im Ich-Bereich, im Nicht-Bereich oder gar in beiden Bereichen?

Es kann eine Hilfe darstellen, nach dem größten und aktuell bedeutsamsten Problem zu fragen. Dadurch kristallisiert sich genau ein Problem heraus, an welchem dann gearbeitet werden kann, um eine Lösung zu finden. Haben wir dieses bestimmt, ist die Sache sehr, sehr einfach: Wir packen das Problem am Schopf und legen es entweder in den Ich-Bereich oder in den Nicht-Bereich. Liegt das Problem in beiden Bereichen, so konzentrieren wir uns zuerst einmal auf einen Bereich und gehen den anderen später an.

Übung

Sie können diese Schritte sehr gerne mitmachen, indem Sie sich einen Konflikt vergegenwärtigen, der Sie schon länger beschäftigt und mit dem Sie sich immer wieder auseinandersetzen. Dann filtern Sie das größte Problem heraus und weisen es einem der beiden Bereiche zu ... Nehmen Sie sich gerne auch einen Stift und ein Blatt zur Hand, sofern Sie sich einige Notizen machen möchten.

Was geschieht da momentan? Sie konzentrieren sich momentan auf drei Dinge: den Ich-Bereich, den Nicht-Bereich und das selbsterwählte Problem. Sie schenken diesen drei Komponenten ihre Aufmerksamkeit, wenden sich diesen bewusst zu und sehen das Problem mit größerem Abstand. Sie selbst haben sich zu einem bloßen Beobachter gemacht, der mit scharfem Sinn verfolgt, was da nun vor sich geht. Letztendlich bestimmen Sie, in welche Kategorie das Problem eingeordnet wird: Ergo handeln *Sie*. Das Problem ist Ihrem Tun und Ihrer Macht ausgesetzt.

Wie oben beschrieben, können Sie etwas gehen lassen, indem Sie sich diesem zuwenden – denken Sie an Ihre Schmerzen, die allein dadurch verringert werden, wenn Sie Ihre ganze Aufmerksamkeit auf sie richten. Dinge aus ihrer Ferne zu beobachten, kann ebenfalls Wunder bewirken. Nehmen wir uns zusätzlich noch als mächtig wahr, weil fortan wir über das Problem bestimmen und nicht umgekehrt, wird das Problem sogleich unbedeutender als es zuvor gewesen ist. Es ist anschaulich, es wird kontrollierbar – und es wird kleiner, denn ansonsten passt es in keinen der beiden Bereiche. Ist es noch nicht klein genug, so müssen wir vielleicht nachhelfen und mittels unseres Bewusstseins ihm die Größe nehmen.

Zudem sehen wir nun deutlich, dass die beiden Bereiche gleich groß sind: Wir fühlen uns wiederum mächtig, denn egal wie groß der Nicht-Bereich ist, der Ich-Bereich ist ebenso groß. Es ist außerdem nachvollziehbar, dass jedes Problem nur einen kleinen Teil des Nicht-Bereichs ausmachen kann: Es gibt immer auch Aspekte im Nicht-Bereich, die passabel oder gar wünschenswert sind.

Was können wir aus diesem ersten Schritt ableiten? Allein die Fokussierung auf ein bestimmtes Problem in neu erworbenem Abstand und dessen Zuweisung zu einem der beiden Bereiche lassen das Problem weniger bedeutsam werden. Dabei wird das Problem lediglich einem Bereich zugeordnet – wohlbemerkt einem Bereich, den die meisten Leser dieses Buches vorher nicht einmal kannten: dem Ich-Bereich oder dem Nicht-Bereich.

In den vergangenen Jahren habe ich die Erfahrung gemacht, dass Probleme in erster Linie dann stark belasten, wenn sie kaum oder nicht zu überblicken sind. Kann man einem Problem keine Grenzen setzen, weil man nicht weiß, wo es beginnt und wo es aufhört, raubt das viel Kraft. Je weniger das Problem bekannt ist, desto schlimmer malt man es sich manchmal aus. Auftretende Sorgen sowie negative Gedanken ergänzen sich dann mit dem Problem zu einem Teufelskreis …

Dieser soll bereits mit dem ersten Schritt unterbunden werden. Daher ist dieser Schritt von immenser Bedeutung, wenngleich es manchmal schwerfällt, zu entscheiden, welcher der beiden Bereiche relevanter für das gewählte Problem ist.

Fragen

- Wie lautet das fokussierte Problem?
- Welchem Bereich möchten Sie es zuordnen?
- Wie groß ist der Ich-Bereich, wie groß der Nicht-Bereich?
- Können Sie Ihre Macht über das Problem fühlen?

Schritt 2: Das Problem verändern oder loslassen

Haben Sie festgestellt, dass der Ich-Bereich nicht wünschenswert ist, so können Sie gleich damit beginnen, ihn zu verändern. Der Ich-Bereich kann jederzeit durch Sie verändert werden, schließlich unterliegt er Ihrer Kontrolle, Ihrem Einfluss, Ihrer Macht. Sie allein verfügen über Ihren persönlichen Ich-Bereich. Ist Ihnen beispielsweise aufgefallen, dass Sie anderen häufig Unrecht tun und ihnen Schuld vorwerfen, so können Sie versuchen, dies zu unterbinden. Vielleicht können Sie sich fragen, woher das kommt, und den möglichen Ursachen nachgehen. Hören Sie auf Ihre Gefühle, auf Ihr Herz, auf Ihren Bauch. Achten Sie auf Ihre Worte, Ihre Gedanken, Ihre Atmung. Nehmen Sie sich selbst wahr und gönnen Sie sich, den Fokus auf Ihre Person zu setzen, damit Sie sich selbst kennenlernen können. Oftmals kann es auch ratsam sein, sich professionelle Hilfe zu suchen – denn gemeinsam arbeitet es sich in der Regel leichter. Leiden Sie hingegen unter dem Problem, dass Sie der Ansicht sind, zu wenig Sport zu treiben, können Sie das Buch erst einmal zur Seite legen, die Laufkleidung anziehen und sich nach draußen begeben. Bewegung fällt in Ihren Ich-Bereich, mangelnde Bewegung können Sie selbst positiv beeinflussen.

> **Merksatz**
>
> Der Ich-Bereich kann jederzeit durch Sie verändert werden, schließlich unterliegt er Ihrer Kontrolle.

Es gibt aber auch den anderen Fall: Wenn Sie erkennen, dass der Ich-Bereich wünschenswert, der Nicht-Bereich aber nicht wünschenswert ist, so hilft es Ihnen nichts, mit Ihrem Werkzeug bewaffnet am Ich-Bereich zu arbeiten. Deshalb: Hände hoch und sofort das Werkzeug fallenlassen! Beschäftigen Sie sich stattdessen mit etwas anderem: Üben Sie, das Problem entweder loszulassen oder es zu akzeptieren. Wenn ich im Tennis trotz einer guten Leistung eine Niederlage einstecken muss, ist das zwar schmerzhaft, doch es lässt sich nicht ändern. Ich versuche dann anzuerkennen, dass meine Leistung zufriedenstellend, der Gegner jedoch besser war. Ist man mit der eigenen Leistung zufrieden, braucht man sich nicht zu grämen. Im Tennis ist es so, dass man mal stärkere und mal schwächere Gegner hat – hin und wieder gewinnt man, hin und wieder verliert man. Für das Leben und die äußeren Umstände gilt dasselbe: Mal hat man es leicht, mal schwer. Doch erinnern Sie sich noch an die Worte meiner Schwester? „Alexander, das Gute geht vorbei und das Schlechte geht vorbei." Wie Recht sie doch hat!

Bis es soweit ist, kann noch viel Wasser den Fluss hinunterfließen und es kann viel Geduld erfordern – doch eines Tages wird es vorbei sein. Es gibt demnach immer einen Ausweg aus dem Problem: Sie verändern den Ich-Bereich oder der *Nicht-Bereich verändert sich selbst,* denn er geht vorbei. Bis dato können Sie sich in Annahme und Akzeptanz üben, dann erleichtern Sie sich dieses kostbare Leben.

Merksatz

Das Gute geht vorbei und das Schlechte geht vorbei.

Denken Sie daran: All die Dinge, die in den Nicht-Bereich fallen, können durch uns nicht verändert werden. Aber das kann man auch aus einer anderen Perspektive betrachten, zum Beispiel: Wir *dürfen* jene Dinge einfach gehen lassen und müssen uns nicht weiter um sie kümmern. Wir lassen sie los – gleich hier, in diesem Moment. Was nicht verändert werden kann, wird losgelassen. Was nicht losgelassen werden kann, wird akzeptiert. Doch was nicht akzeptiert werden kann, das bereitet Sorgen und erschwert uns das Gehen.

Damit ich den Nicht-Bereich loslassen kann, habe ich mir eine Meditations-CD namens „Loslassen" gekauft. Gemäß dem Motto: „… weil ich es mir wert bin". Mithilfe der CD praktiziere ich immer wieder das Loslassen von Gedanken, die mich in meiner Freiheit und Zufriedenheit einschränken. Schenken Sie sich selbst ein paar stille Minuten, kommen Sie zu sich, kommen Sie zur Ruhe. Atmen Sie die Leichtigkeit ein und die Schwere aus. Weil Sie es sich wert sind!

Fragen

- Wie können Sie eine Veränderung des Problems herbeiführen?
- Was hindert Sie daran, das Problem zu akzeptieren und loszulassen?
- Was bereitet Ihnen Sorgen und erschwert Ihnen den Gang?
- Sind Sie sich selbst die Leichtigkeit wert?

Schritt 3: Das Problem segnen

Wenn wir den Ich-Bereich entsprechend verändert haben oder den Nicht-Bereich losgelassen respektive akzeptiert haben, können wir zuversichtlich sein. Zuversichtlich, dass uns Zufriedenheit und Glück immer wieder heimsuchen werden, weil der Ich-Bereich gut ist, wie er ist. Voller Vorfreude können wir uns der Welt zuwenden und gespannt sein, was sie noch für uns bereithält, in ihrer großen Hand …

Die Zuversicht bereichert unsere Ressourcen und schenkt uns die nötige Kraft, um auch das nächste Mal die Aufmerksamkeit auf ein Problem zu richten, es mit Abstand zu betrachten und einem Bereich zuzuordnen. Aber wer überreicht uns das Geschenk der Zuversicht? Ich bediene mich noch einmal der Werbung und möchte sagen *„Zuversicht ist, was Du draus machst“.*

Dann besteht der letzte Schritt darin, das Problem zu segnen. Das Problem hat uns zu dem gemacht, der wir nun sind. Was ohne dieses anders gewesen wäre, können wir nicht sagen. Aber wir können sagen, dass wir nun sind, wer wir sind – mithilfe dieses Problems. Wir haben vielleicht eine neue Erfahrung, eine neue Ansicht, eine neue Meinung gewonnen. Wieso sollten wir dem vermeintlichen *Problem* nicht auch dankbar dafür sein?

Die „Medaille" Dankbarkeit

Dankbarkeit kommt nicht nur anderen, sondern auch uns selbst zugute: „Dankbarkeit bedeutet, dem Leben an sich und all seinen Facetten Wertschätzung und Anerkennung auszudrücken. Das Empfinden von Dankbarkeit führt nachweislich dazu, dass Menschen glücklicher werden" (Holle 2013). Mehr als das explizite Danksagen spielt offensichtlich die positive *Empfindung* die tragende Rolle.

Es geht hierbei – mal wieder – um Ihr Gefühl. Laut Holle kann uns Dankbarkeit dabei helfen, die positiven Dinge im Leben besser wahrzunehmen und die sozialen Beziehungen zu verbessern. Lassen Sie uns daher dem Problem aufrichtig danken und es segnen. Weil wir es uns wert sind!

Fragen

- Wer sind Sie jetzt?
- Welchen Anteil hat das „Problem" daran?
- Was haben Sie dadurch gelernt oder erfahren?
- Können Sie dem „Problem" dafür danken und es segnen?

Die Kapitulation des Ich-Bereichs

Nicht weil es schwer ist, wagen wir es nicht, sondern weil wir es nicht wagen, ist es schwer (Seneca).

Beispiel: Constanze im Club

Constanze geht an einem Freitagabend mit ihren Freunden aus. Nach ein paar schönen Stunden in einer Bar, kann sie von ihren Freunden dazu überredet werden, mit in einen nahegelegenen Club zu gehen. Dort stellt sie gegen 3 Uhr nachts fest, dass sie bestohlen wurde. Sowohl ihr Portemonnaie als auch ihr Handy sind verschwunden. Ihre Freunde versuchen, sie zu trösten, doch das ist vergebens. Constanze ist unendlich sauer auf den Dieb, verflucht den Abend und bereut, dass sie sich von ihren Freunden hat überreden lassen, in den Club zu gehen …

Das Beispiel „Constanze im Club" zeigt, dass *wir die Macht haben, uns selbst ohnmächtig zu machen.* Constanze wird nicht nur Opfer eines Diebstahls, sondern sie nimmt die Opferrolle an und fühlt sich zugleich als Opfer. Die Schuld an dem Unglück schreibt sie hauptsächlich dem Dieb, dem Abend und den Freunden zu. Sie macht sich ohnmächtig, indem sie anderen die Schuld gibt! Dies ist ein ganz, ganz bedeutender Punkt: Sobald wir die Schuld (oder Verantwortung) anderen zuschreiben, machen wir uns zugleich ein Stück weit ohnmächtig, denn wir können die Situation dann nicht länger beeinflussen! Wir geben sie vom Ich-Bereich an den Nicht-Bereich ab.

Solange wir uns als Opfer sehen, geben wir die Handlungskontrolle aus der Hand und werden fremdbestimmt. Aus diesem Schulddenken können wir uns aber befreien, indem wir uns bewusst machen: Uns wird nichts angetan; *wir sind es, die tun.* Wir handeln. Oder handeln nicht – aber das ist letzten Endes auch eine Handlung.

Für jede „negative" Erfahrung können wir reflektieren, was wir gemacht haben (und was wir nicht gemacht haben). Wir geben demzufolge die Ohnmacht auf und gewinnen dadurch die Macht (über uns selbst) zurück. Dieser Schritt kann sehr kraftraubend sein und viele Blockaden mit sich bringen, weil wir auch für schmerzvolle Erfahrungen die Verantwortung übernehmen. Jedoch beschenken wir uns damit gleichzeitig mit der Handlungskontrolle. Doch wäre es nicht einfacher, negative Erfahrungen einfach hinzunehmen und zu akzeptieren? Zahlt sich die Arbeit im Ich-Bereich langfristig überhaupt aus?

Verhaltensänderung

Kanfer et al. (2012) befassen sich in ihrem Werk „Selbst-management-Therapie" auch mit der Frage, wann ein Verhalten *geändert* oder besser *akzeptiert* werden soll – und inwieweit ein Therapeut darauf Einfluss nehmen kann. Nachdem sachliche und motivationsabhängige Auswahlkriterien getroffen wurden, spielt insbesondere der *subjektive Nutzen der Verhaltensänderung* eine Rolle. Das heißt, ein Klient sollte (mithilfe des Therapeuten) abwägen, ob sich die Kosten und Mühen einer Verhaltensänderung „lohnen". Der Therapeut wiederum hat die Aufgabe, „echte" Absichten von Lippenbekenntnissen zu unterscheiden. Es ist in vielen Fällen sicher leicht, Situationen zu „ertragen" oder „hinzunehmen". Wenn das eigene Verhalten aber geändert werden soll, benötigt es dazu eine starke Motivation – eine gute Absicht allein reicht nicht aus.

Doch wo ein Wille ist, ist auch ein Weg. Um Ihre Motivation etwas zu steigern, möchte ich auf einen Punkt nachdrücklich eingehen: Ihr Verhalten begleitet Sie in vielen Fällen ein Leben lang. Sofern Sie an Ihrem Ich-Bereich arbeiten, haben Sie vermutlich noch viele Jahre etwas davon. Denn das Einzige, das Sie immer begleiten wird, ist Ihr Ich-Bereich.

Merksatz

Den Ich-Bereich zu verändern, kann zwar viele Kräfte und Mühen kosten, aber all das lohnt sich.

Dieses Buch versucht, Ihnen bewusst zu machen, wie wichtig es ist, dass Sie sich mit sich selbst beschäftigen – Sie das Augenmerk auf Ihre Person und Ihren Ich-Bereich richten. Das ist insofern bedeutsam, als der Kosmos des Ich-Bereichs sich im Außen widerspiegelt. Darum ist es auch sehr sinnvoll, sich selbst – wie in Kapitel „Selbstliebe" beschrieben – lieben zu lernen. Stellen Sie sich selbst in den Mittelpunkt: So können Sie an den Änderungen des Ich-Bereichs beginnen und damit werden Sie auch allen anderen näher sein. Das ist ein großer Schritt, doch Sie werden dabei begleitet und vielleicht gelingt es ja mit vereinten, gebündelten Kräften.

Fragen

- Für welche Handlungen fällt es Ihnen schwer, die Verantwortung zu übernehmen?
- Bei welchen Handlungen fällt Ihnen das wesentlich leichter?
- Wie haben Sie gehandelt, als Sie „negative" Erfahrungen machten?
- Können Sie das zukünftig ändern?

Wie innen, so außen

Wir sind, was wir denken.
Alles, was wir sind, entsteht aus unseren Gedanken.
Mit unseren Gedanken formen wir die Welt (Buddha).

Alles, was wir über andere denken, fällt auf uns zurück. Es gibt kein Du, Sie oder Ihr, wir sind gewissermaßen *eins*. Das möchte ich wie folgt erklären: Der Mensch, der Ihnen gegenübersteht, wird durch Ihre Augen gesehen, sein Sprechen wird durch Ihre Ohren vernommen. Sie würden Ihren Nachbarn sicher anders beschreiben, als es ein weiterer Nachbar tun würde. Doch wer hat Recht? Sie oder Ihr Nachbar? Wenn Sie Ihren Nachbarn beschreiben, so steckt darin nicht nur er, sondern auch Ihre Wahrnehmung, sprich *Sie* – und Sie beide sind somit eins.

Ich habe eben die Wahrnehmung angesprochen. Dazu muss erwähnt werden, dass die Wahrnehmung niemals objektiv, sondern immer subjektiv ist. Die Welt, in die wir schauen, spiegelt unsere Seele wider: Worauf achten wir, was sehen wir, was fühlen wir, wenn wir in diese Welt blicken? Worauf achten wir, wenn wir zum Beispiel eine Straße entlanggehen? Jeder nimmt beispielsweise von einer Straße etwas anderes wahr – wenngleich alle dieselbe Straße entlanggehen. Würde man diese Personen befragen und sie würden die Straße beschreiben, käme man sicher nicht darauf, dass sie dieselbe Straße entlanggegangen sind.

Das Leben ist zu vielfältig, als dass unsere Wahrnehmung die gleiche wäre. Von Tausend Menschen werden Tausend neue Welten erschaffen – und jeder sieht sie durch seine eigenen Augen, hört sie mit seinen eigenen Ohren, fühlt sie mit seinen eigenen Empfindungen. Sicher ist Ihnen auch schon aufgefallen, dass Sie an Tagen, an denen Sie glücklich sind, Ihre „rosarote Brille" tragen und Ihnen eine „andere Welt" ins Auge fällt als an Tagen, an denen Sie unglücklich und missmutig sind. Da wir uns dieses Wissen nun angeeignet oder erneut bewusst gemacht haben, können wir dazu übergehen, uns zu fragen, wie unsere Welt denn aussieht, in die wir blicken.

Verunreinigung

Im Matthäus-Evangelium (Kap. 15, Vers 11) der Bibel steht: „Nicht das, was der Mensch durch den Mund aufnimmt, macht ihn vor Gott unrein, sondern das, was aus seinem Mund herauskommt, verunreinigt ihn." Ergo *verunreinigen* wir uns selbst, wenn wir schlecht von anderen sprechen. Was wir anderen unterstellen, ist dann Teil unseres Daseins – weil *wir* es sind, die es ausgesprochen haben.

Alles Negative fällt auf uns zurück, getreu dem Motto: „Wie innen, so außen". Apropos schlecht über andere sprechen, schlecht über andere denken: Der amerikanische Musiker Bob Dylan sang bereits vor Jahren, dass wir nicht kritisieren sollten, was wir nicht verstehen können („Don't criticize what you can't understand", in *The times they are a-changin*). Außerdem brauchen wir all das, was wir verstehen können, ebenfalls nicht zu kritisieren – diese Kritik wird überflüssig, da wir es ja verstehen. In beiden Fällen weicht die Kritik folglich dem (Un-)Verständnis.

Der Alltag macht es offensichtlich schwierig, sich an die Musik Bob Dylans oder die Bibel zu erinnern. Denn es gibt eine Unzahl an Menschen, deren Hauptaufgabe darin zu bestehen scheint, sich mit anderen zu beschäftigen – ihre Gedanken kreisen sich um jene und ihre Worte tragen deren Namen. Doch eben diese Gedanken und Worte halten einen bei diesen Personen, man beschäftigt sich immer und immer wieder mit jenen, aber nicht mit sich selbst. Das heißt, man nutzt nicht die Zeit, das Leben zu genießen. Man nutzt auch nicht die Zeit, um Ziele und Wünsche zu verfolgen oder am Ich-Bereich zu arbeiten. Stattdessen „klebt" man förmlich an den Kollegen, Nachbarn, oder irgendwelchen Stars und Sternchen – kurz gesagt: am Nicht-Bereich.

Wenn wir stets nur zum Nachbarn schauen, werden wir bald unser eigenes Heim nicht mehr kennen. Wenn wir den anderen immerzu nachlaufen, werden wir wohl nie unseren eigenen Weg gehen. Wenn man häufig denkt „der andere kann nichts", so dauert es nicht lange, ehe man merkt, dass man selbst unfähig ist.

Übung

Wollen wir den Augenblick für eine kleine Übung nutzen. Diese soll dabei helfen, das eben Gelesene besser nachvollziehbar zu machen:

Setzen Sie sich bequem hin, achten Sie auf Ihren Atem und kommen Sie so zur Ruhe. Nun können Sie beginnen, sich negative Gedanken über sich *selbst* zu machen, an *Ihre* Schwächen und *Ihre* Makel zu denken. Wie **fühlen** Sie sich dadurch?

Nach einiger Zeit können Sie an das Wetter, an Freunde oder die anstehenden Unternehmungen denken, einfach ein wenig ablenken. Dann dürfen Sie damit beginnen, sich negative Gedanken über *andere* zu machen. Denken Sie an *deren* Makel, an deren Schwächen. Wie **fühlen** Sie sich jetzt?

Das Unterbewusstsein unterscheidet nicht. Wir sind *eins.*

Fragen

- Wie denken Sie über Ihre Familie?
- Wie denken Sie über Ihre Freunde?
- Wie denken Sie über Ihre Arbeit?
- Wie denken Sie über sich?

Ich- und Nicht-Bereich im Alltag

Der Alltag: Mach ihn zum Ausdruck Deiner Lebensfreude, zum Umriss Deines Wohlgefallens.

Dieser Unterpunkt soll genutzt werden, um alltägliche Beispiele für den Ich-Bereich und den Nicht-Bereich anzubringen. Diese sind so gewählt, dass sie so oder so ähnlich wohl schon jedem von uns widerfahren sind und uns auch in Zukunft immer wieder begegnen können. Vor allem gilt es, zu prüfen, ob der Ich- oder der Nicht-Bereich betroffen ist, und wenn beide Bereiche angesprochen werden, welcher Bereich inwieweit für die Situation zuständig ist. Wie bereits erwähnt, dient diese Zuordnung der Übersicht und verschafft bereits eine Art Kontrolle über das Problem: Denn *wir* ordnen das Problem einem Bereich zu – demzufolge handeln *wir* und üben Macht aus.

Die nachstehenden *Lösungsvorschläge* sind lediglich als Vorschläge zu werten. Vielleicht haben Sie Ideen, die einer Lösung viel näher und wirksamer sind als diese hier. „Der Weisheit letzter Schluss" ist das Nachfolgende keineswegs und soll so auch nicht verstanden werden.

Entscheidungen durch Chef am Arbeitsplatz

Mir scheint es, als würde die Arbeit einen immer wichtigeren Stellenwert genießen. Viele Menschen arbeiten von früh bis spät und häufig wird teils auch samstags und sonntags gearbeitet. Die Arbeit hat ihre feste Größe im Tagesablauf erhalten und die restlichen Aktivitäten müssen sich ihr unterordnen.

Wenn wir der Arbeit eine wichtige Bedeutung beimessen, machen wir uns auch abhängiger von ihr. Denn läuft es am Arbeitsplatz schlecht, schlägt sich das eher auf unser Gemüt aus, als wenn wir die Arbeit als unbedeutend empfänden. Je stärker unsere Abhängigkeit von der Arbeit ist, desto abhängiger machen wir uns oftmals von den Entscheidungen unserer Vorgesetzten. Wir können die Entscheidungen unserer Chefs nicht selbst fällen und auch nur zu einem kleinen Teil beeinflussen. Fokussieren wir uns auf diesen geringen Einfluss, stärkt das unsere Ohnmacht und wir werden auf Dauer daran erkranken. Stattdessen könnten wir uns auf die Möglichkeit fokussieren, die Arbeitsstelle zu wechseln oder einen anderen Beruf zu erlernen. Wir können uns auch intensiver unserer Tätigkeit widmen und uns bewusst machen, dass wir diese gerne und mit Freude ausüben – unabhängig von unseren Vorgesetzten, unabhängig von deren Entscheidungen. Denn diese zu fällen, gehört in deren Ich-Bereich, nicht aber in unseren. In unseren Ich-Bereich fallen die alternativen Möglichkeiten, die weitaus gesünder sind, als an dem Gefühl von Ohnmacht zu erkranken.

Stau auf der Autobahn

Willkommen auf der deutschen Autobahn: keine Geschwindigkeitsbegrenzung, dafür reichlich begrenzter Verkehrsfluss, auch „Stau" genannt. Wie leicht kann man sich darüber ärgern, wie leicht kann man „rot" oder „grün" oder „schwarz" werden vor Wut. Warum nicht, wenn es Spaß macht …? Meistens macht es aber keinen Spaß. Mir jedenfalls nicht, deshalb mache ich mir in solchen Situationen klar, dass der Stau in den Nicht-Bereich fällt. Ich kann diesen nicht beheben, ich kann die anderen Autos nicht in Luft auflösen. Mit etwas Glück kann ich den Stau umgehen, runter von der Autobahn fahren und den oftmals längeren Weg in Kauf nehmen. Wenn es diese Option gibt, bin ich es, der die Entscheidung dafür fällt, sie nutzen zu wollen. Das ist somit mein Bereich. Wenn ich aber schon mitten im Stau stecke, es weder vorwärts, rückwärts, noch gen Himmel geht, dann bleibt mir selbst diese Möglichkeit verwehrt – und dann?

Dann heißt es warten: Warten, bis der Stau zu Ende geht. Das ist keine Neuheit, das wissen Sie selbst. Aber: Ich möchte Ihnen anbieten, das Bestmögliche aus der Situation zu machen. Die Gegebenheiten können sie nicht beeinflussen, das ist alles Nicht-Bereich. Wie Sie mit diesen umgehen, ist indes Ich-Bereich. Sie können – bei abgestelltem Motor – einen guten Freund anrufen, Sie können sich bei Ihrem Allerliebsten melden, Sie können Ihre Lieblings-CD hören, Sie können ein Gedicht schreiben, sich in der Sonne bräunen, eine kleine Auszeit nehmen und ganz bei sich sein … Oder dankbar dafür sein, dass Sie warten dürfen. Denn *Warten* heißt eigentlich nur, Zeit für sich zu haben.

Gute Noten in der Schule

Viele Kinder möchten gute Noten in der Schule haben und wohl noch viel mehr Eltern möchten, dass ihre Kinder gute Noten in der Schule schreiben. Wer meint, dass allein das Schulkind dafür verantwortlich ist, lässt einige Aspekte außer Acht. Wer selbst in der Schule war, weiß, wie stark die subjektiven Empfindungen eines Lehrers die (vermeintlich objektiven) Noten beeinflussen können. In meinem Psychologiestudium habe ich überdies Studien kennengelernt, in welchen nachgewiesen wurde, dass die Objektivität, wie man sie sich wünscht oder vermutet, nicht bei jedem Lehrer, nicht an jeder Schule anzutreffen ist (vgl. Ingenkamp und Liessmann 2008).

Wenn sich eine Schülerin auf eine Klassenarbeit vorbereitet, so betrifft das ihren Ich-Bereich. Sie kann die Vorbereitung beeinflussen: viel oder wenig lernen, intensiv oder nur oberflächlich den Lernstoff behandeln. Wie viel man lernt und mit welchem Gefühl man in eine Klausur oder auch mündliche Prüfung hineingeht, das hängt von einem selbst ab. Die Note an sich hängt hingegen immer vom Lehrer oder Prüfer ab. Ich kann versuchen, es ihm einfach zu machen, mir eine gute Note zu geben und mich entsprechend vorzubereiten. Vielleicht gelingt es mir auch, die bestmögliche Leistung zu erbringen. Aber ob das dann auch für die bestmögliche Note reicht …?

Probleme in der Partnerschaft

Marianne und Michael streiten in letzter Zeit immer häufiger. Marianne wirft Michael vor, zu viel Zeit im Unternehmen zu verbringen, dadurch vernachlässige er sowohl sie als auch die Beziehung. Michael hingegen empfindet es als unangemessen, sich deshalb Vorwürfe anhören zu müssen, und ist verärgert über die ständig wiederkehrenden Diskussionen. Wenn er von seiner Arbeit nach Hause kommt, möchte er Ruhe genießen und entspannt den Tag ausklingen lassen. Marianne kann ihm diesen Gefallen jedoch nicht erfüllen, da sein Verhalten ihre Gefühle verletzt. Sie kann nicht nachvollziehen, dass Michael „in seiner Arbeit aufgeht".

In Partnerschaften ist es nicht unüblich, dass ein Partner den anderen „ändern" möchte oder sich „anders" wünscht. Doch fällt das noch in den Ich-Bereich? Sie dürfen die Frage gerne für sich selbst beantworten. Meiner Ansicht nach kann, um zu diesem Beispiel zurückzukommen, Marianne selbst entscheiden, ob sie weiterhin mit Michael zusammen sein möchte. Sie kann ihm ihr Empfinden mitteilen, sie kann versuchen, ihm ihre Wünsche, Sorgen (und Ängste?) verständlich zu machen. Doch die Entscheidung, ob Michael auf ihre Wünsche eingeht, obliegt seinem Ich-Bereich und liegt damit alleine bei ihm. Umgekehrt gilt natürlich dasselbe: Wenn Michael seine Ruhe möchte und der Diskussionen überdrüssig ist, kann er sich von Marianne trennen und vielleicht alleine leben. Doch sie zu verändern, fällt nicht in seinen Ich-Bereich.

Bachelorarbeit

Ähnliches wie für die Schulnote gilt auch für die Bachelorarbeit (Master-, Diplom-, Techniker- und Examensarbeit o. Ä. eingeschlossen). Neben der Note auf unser Werk, gehören weitere Punkte zum Nicht-Bereich: Meist können wir das Thema nicht frei bestimmen, wir müssen uns nach Vorgaben richten und eine gewisse Frist einhalten, in der die Arbeit fertigzustellen ist.

Wie viel Zeit wir für diese Arbeit verwenden, ob wir zu Hause oder in der Bibliothek lesen und schreiben, ob wir die Themen nur oberflächlich behandeln oder aber vertiefen, in der Arbeit einen Sinn und die Aufgabe als Chance sehen … das alles zählt zum Ich-Bereich: Das können wir beeinflussen, das haben wir selbst in der Hand. Wir können uns die Zeit schön gestalten, können bestimmen, ob wir lieber morgens, mittags, abends oder gar nachts arbeiten. Nach jeder geschriebenen Seite mögen wir uns vielleicht mit einem Keks und einem Tee belohnen oder einem Spaziergang im Park – nur ob dabei die Sonne scheint, das bestimmen wir nicht. Wenn wir uns mit einer Bachelorarbeit *quälen,* sollten wir die Arbeit zur Seite legen und erneut das Kap. 2 „Ich-Bereich" lesen: Denn hier lernen wir, wie wir uns den Ich-Bereich schön machen.

Regentag

„Immer wenn es regnet, muss ich an Dich denken" sang einst Max Herre, Frontsänger der Gruppe Freundeskreis, im Song A-N-N-A. Anstatt über den Regen zu fluchen oder zu verteufeln schenkt ihm der Regen Erinnerungen an eine lieb gewonnene Person. Was geschieht bei uns, wenn der Regen vor der Fensterscheibe niederfällt? Wie steht es um unseren Ich-Bereich?

Dass wir das Wetter nicht ändern können, wurde in diesem Buch bereits deutlich gemacht. Folglich können wir auch den Regen nicht beeinflussen. In unseren Ich-Bereich fällt dennoch mehr Macht, als wir auf den ersten Blick sehen: Wir können trockene Plätze aufsuchen, können Sport in einem Fitnessstudio treiben, den Lieblingssport vielleicht in einer Halle ausüben, das Prasseln der Regentropfen genießen oder uns an einem Spaziergang im Regen mit oder ohne Regenmantel und Gummistiefel erfreuen. Was Sie davon umsetzen und wie Ihr Gefühl dabei ist, liegt ganz allein bei Ihnen, gehört unmittelbar in Ihren Ich-Bereich. Sollten Sie sich dennoch ärgern, so wissen Sie immerhin, dass Sie keineswegs ohnmächtig dem Regen ausgesetzt sind.

Wie wir in den Beispielen gesehen haben, besitzen wir immer Möglichkeiten, ein Stück weit Einfluss auf die Situationen zu nehmen. Wir können den Chef nicht ändern, aber die Arbeitsstelle wechseln. Wir können die Schulnote nicht bestimmen, aber eine sehr gute Leistung abrufen. Wir können uns nicht der Regenwolken erwehren, aber wir können das Trockene aufsuchen. Das allein wird vielleicht nicht reichen, das Glück zu erfahren, das die Welt für uns bereithält. Doch es ist ein weiterer Schritt dahin – und der nächste folgt im nächsten Abschnitt …

Fragen

- Warum raubt Ihnen Ihre Partnerschaft manchmal Kraft?
- Wie können Sie sich schöne Momente bei schlechtem Wetter verschaffen?
- Was können Sie tun, um Ihre Situation in der Arbeit zu verbessern?
- Welche positiven Aspekte können Sie dem Stau abgewinnen?

Die „Weltenseele"

Du und ich: So verschieden sind wir nicht.

Sie sind sicherlich mit der Dreigliederung des Menschen in Seele, Körper und Geist vertraut. Haben Sie sich auch schon gefragt, warum eine solche Unterscheidung wichtig ist? Wozu sie nützt? Ich möchte Ihnen in diesem Zusammenhang meine Vorstellungen dazu mitteilen, vielleicht helfen Ihnen diese, damit Sie eine tiefe Verbindung zu all Ihren Mitmenschen gewinnen.

Auf Körperebene sind wir alle verschieden: Sie können bekannte Gesichter schnell von unbekannten unterscheiden und erkennen sogleich Ihren Freund, wenn Sie diesen treffen. Im Gegensatz dazu ist der „Geist" nicht sichtbar, doch lässt sich sein Zustand meist durch die verschiedenen Gesichtsausdrücke ablesen. Auch durch Gespräche lässt sich schnell erahnen, wie der geistige Zustand eines Menschen ist. Der Geist steuert gewissermaßen den Körper; alles, was auf Körperebene passiert, wird stark durch den

Geist beeinflusst. Da auch der Körper den Geist beeinflussen kann, sprechen wir hier von einer Wechselwirkung, sprich einer „Interaktion". Wir können folglich festhalten, dass unser Geist mit dem Körper interagiert.

Auf der nächsten Ebene, der der Seele, stehen wir in Verbindung zu allen Menschen, vielleicht auch allen Tieren, den Steinen, den Bäumen, dem Wasser, der Wüste und dem Gebirge, kurzum: zur gesamten Natur. Die (Welten-)Seele ist in direktem Kontakt mit unserem Geist: Wenn es der Seele schlecht geht, leidet auch der Geist und umgekehrt. Das heißt, dass auch diese beiden miteinander in Interaktion stehen. Somit ist auch die Seele mittels des Geistes mit dem Körper verbunden. Die Seele ist nicht greifbar und für den Menschen nicht ersichtlich. Wir sind gewissermaßen von ihr abhängig, denn sie leitet uns, bestimmt unseren Weg und kontrolliert unseren Geist. Vermutlich kann jeder Einzelne von uns sie nur zu einem minimalen Teil beeinflussen, darum fällt sie in den Nicht-Bereich. Im Gegensatz dazu gehört der Körper größtenteils dem Ich-Bereich an, da wir über diesen viel Kontrolle besitzen.

Merksatz

Wir stehen in Verbindung zu allen Menschen, denn wir sind Teil der Natur.

Die Dreiteilung „Seele", „Geist" und „Körper" spiegelt nebenbei bemerkt das Grundmodell des Ich kann!-Prinzips wider: Die „Seele" steht für den Nicht-Bereich, der „Körper" für den Ich-Bereich und der „Geist" für die

Reibungsflächen, in denen beide Bereiche aufeinander-treffen. Beispielsweise fällt es uns leicht, unseren Körper zu trainieren (Ich-Bereich), doch an der (Welten-)Seele zu arbeiten, ist schier unmöglich, da diese durch das gesamte Leben dieses Multiversums beeinflusst wird und wir nur einen geringen Teil ausmachen (Nicht-Bereich). Der Geist verknüpft den Körper mit der Seele, er repräsentiert die Brücke zwischen den beiden Ebenen.

Wenn wir in diesem Zusammenhang die Abb. 4.3 „Yin-Yang-Symbol" betrachten, erinnern wir uns, dass in jedem Nicht-Bereich auch ein Stück Ich-Bereich steckt (und umgekehrt). Das stellt den Einfluss, den der Körper auf die Seele (bzw. den die Seele auf den Körper) hat, bildlich dar.

Abb. 4.3 Yin-Yang-Symbol

Wenn wir die Verbindung mit der Weltenseele (an-) erkennen, kann uns dies Halt geben. Halt, weil wir uns bewusst werden, dass wir „irgendwo" alle gleich sind, dass wir alle miteinander verbunden sind und somit *eins* sind. Nach Wilbers (2013) geht es darum, „unserem Inneren zu vertrauen, uns selbst zuzulassen und dabei zu erleben, wie wir aus uns selbst heraus in einem (!) Netzwerk sinnvoll im Zusammenhang mit anderen agieren". Weiter könnten wir nicht glücklich werden, wenn wir spüren, „dass es auf Kosten anderer geschieht. Das ist in völliger Präsenz schlechterdings nicht möglich".

Lediglich durch die verschiedenen Erfahrungen, die wir mit und in unserem Körper täglich machen, sind wir „anders" geworden als andere. Doch die Verbindung zur Weltenseele trennt sich deshalb natürlich nicht. Allein zu sein ist mithin eine Selbsttäuschung, welche nur dann bestehen kann, wenn die Verbindung zur Weltenseele verloren ging. Diese Verbindung ist im Kindesalter meist noch sehr präsent, Kinder spüren diese Verbundenheit sehr viel intensiver als Erwachsene. Vielleicht, weil sie sich stärker in ihrem Ich-Bereich befinden als es die meisten Erwachsenen tun. In diesem Falle ist es hilfreich, sich ein Beispiel an den Kindern zu nehmen, die Verbundenheit mit der Welt zu reaktivieren und sich mit Liebe dem Ich-Bereich zu widmen.

Fragen

- Wie stehen Sie zu Ihrem Körper?
- Welches Bild haben Sie von Ihrem Geist?
- Was kennzeichnet für Sie die „Weltenseele"?
- Können Sie die tiefe Verbundenheit zur Natur spüren?

Fazit: Das Zusammenspiel der beiden Bereiche

> Eine kleine Trommel lässt Tausend Füße tanzen (afrikanische Redewendung).

In diesem Kapitel haben Sie gelernt, den Ich-Bereich vom Nicht-Bereich auch in schwierigen Situationen zu unterscheiden. Sie können nun einordnen, dass Sie in Ihrem Leben nicht auf alles Einfluss haben, sehr wohl aber den Einfluss über diesen Einfluss auf Sie bestimmen.

Sie haben auch mein Bild der beiden Bereiche aufgenommen und möglicherweise festgestellt, dass es sich mit Ihrem stark deckt. Das ist jedoch unwesentlich, viel wesentlicher ist, dass Sie erkannt haben, dass Ihr Ich-Bereich ebenso groß ist wie Ihr Nicht-Bereich. Dieses Modell können Sie nun auch in den verschiedensten Alltagssituationen umsetzen, nicht zuletzt um Glück und Zufriedenheit zu erlangen.

Auch der BALSAM für die Seele, die sechs Wirkfaktoren, ist Ihnen nun ein Begriff: das Bewusstsein, der Abstand, das Loslassen, die Selbstwirksamkeit, der Ausweg und die Macht. Hierbei kann die wahrgenommene Bedeutung der einzelnen Wirkfaktoren von Situation zu Situation und Mensch zu Mensch sehr unterschiedlich sein, grundsätzlich aber ist kein Wirkfaktor dem anderen über- oder untergeordnet. Vergessen Sie im Übrigen nicht, dass die Zuversicht der schönste Teil Ihres Auges ist.

Mit all dem neu gewonnenen Erfahrungsschatz erobern wir nun die neuen Möglichkeiten, die für uns bereitstehen. Immer im Hinterkopf, dass wir – dank der Weltenseele – eins sind: eins mit der Welt und eins mit uns selbst.

Literatur

Gottwald, C. (2006). Neurobiologische Perspektiven zur Körperpsychotherapie (S. 126). In G. Marlock & H. Weiss (Hrsg.), *Handbuch der Körperpsychotherapie* (S. 119–137). Stuttgart: Schattauer.

Holle, M. (2013). Wie wirkt die positive Emotion Dankbarkeit? In T. Johann & T. Möller (Hrsg.), *Positive Psychologie im Beruf. Freude an Leistung entwickeln, fördern und umsetzen* (S. 51–58). Wiesbaden: Gabler.

Ingenkamp, K., & Liessmann, U. (2008). *Lehrbuch der Pädagogischen Diagnostik* (Kapitel 3.2 und 3.3). Weinheim: Beltz.

Kanfer, F. H., Reinecker, H., & Schmelzer, D. (2012). *Selbstmanagement-Therapie. Ein Lehrbuch für die klinische Praxis.* Berlin: Springer.

Kaschek, B., & Schumacher, I. (2015). *Führungspersönlichkeiten und ihre Erfolgsgeheimnisse. Management und Leadership im 21. Jahrhundert* (S. 82). Wiesbaden: Springer Gabler.

Lazarus, R. S., & Folkman, S. (1984). *Stress, appraisal, and coping.* New York: Springer.

Tolle, E. (2010). *Jetzt! Die Kraft der Gegenwart.* Bielefeld: Kamphausen.

Wilbers, G. (2013). *Selbstcoaching in 7 Tagen – Wie Sie Ihren persönlichen Weg zum Erfolg finden* (Kapitel 5. Tag: Loslassen – der Lebensflug beginnt) Wiesbaden: Springer Gabler.

5

Neue Möglichkeiten

Jeder, der sich die Fähigkeit erhält, Schönes zu erkennen, wird nie alt werden.

Franz Kafka

Einleitung

Mit dem erlernten Wissen über Ich-Bereich und Nicht-Bereich sowie deren Abgrenzung voneinander ergeben sich neue Möglichkeiten, welche in diesem Kapitel ausführlich dargestellt werden. Das Ich kann!-Prinzip kann dazu dienen, tiefe, wiederkehrende Trauer zu bewältigen und abzuschließen, aber auch anderen eine Stütze zu sein und ihnen sinnvoll zu helfen, oder dank eines *persönlichen Puzzles* das eigene Selbstbild dauerhaft zu stärken.

© Springer Fachmedien Wiesbaden 2017
A. Hüttner, *Das Ich kann!-Prinzip,*
DOI 10.1007/978-3-658-13215-6_5

Sie kommen auf dieser Reise nicht umhin, Ihren ganz persönlichen Wahrnehmungsfilter zu aktivieren. Denn in diesem Kapitel erlernen Sie, den Blick Schritt für Schritt auf das Schöne im Leben zu lenken …

Wo immer man geht: Es geht weiter.

Bereichern Sie sich selbst

Nicht die Dinge selbst beunruhigen die Menschen, sondern die Meinungen und die Urteile über die Dinge (Epiktet).

Sich über Probleme freuen können

Coelho (2007) berichtet in seiner Geschichte „Der nächste Schritt auf dem spirituellen Weg" über einen jungen Mann, der zu einem Kloster kommt. Ein Mönch fordert ihn auf, dass er ein Jahr lang jedem eine Münze zahlen muss, der ihn angreife. Der junge Mann gehorcht und zahlt jedem eine Münze, von dem er angegriffen wird. Als das Jahr um ist, wird er vom als Bettler verkleideten Mönch beschimpft. Daraufhin freut sich der junge Mann: Er könne sich nun beleidigen lassen, ohne dafür Geld zu bezahlen.

Wir können nicht direkt beeinflussen, ob wir beleidigt oder beschimpft werden. Aber wir können beeinflussen, wie wir mit diesen Beleidigungen und Beschimpfungen umgehen. Nur das Letztere fällt in den Ich-Bereich. Alles andere zählt zum Nicht-Bereich: Daran brauchen wir uns nicht abzuarbeiten, dafür brauchen wir unsere Energie nicht zu verschwenden. Bündeln Sie stattdessen Ihre Kräfte und setzen Sie sie sinnvoll ein – zum Beispiel, um all jenen Situationen, die Ihnen widerfahren, noch etwas Erfreuliches abzugewinnen. Etwas, das Ihr Herz erleichtert und Ihre Augen strahlen lässt wie ein Erdbeereis in Kindheitstagen.

Wenn Sie die Welt aus den Augen des jungen Mannes sehen, dann haben Sie das Ich kann!-Prinzip hervorragend angewandt. Dann ist es gleich, was Ihnen passieren mag – Sie können sich daran erfreuen und es der Welt mit einem Lächeln danken.

Wie wir eine Situation deuten, liegt immer im Ich-Bereich und unterliegt somit unserer Kontrolle. Wenn uns ein Stück Sahnetorte angeboten wird, können wir uns darüber freuen und das Stück genießen, wir können dem aber auch misstrauisch gegenüberstehen und vermuten, dass man uns damit vergiften mag. Ob wir paranoide Züge haben oder nicht, ob wir uns in der Welt wohlfühlen oder nicht, ob wir den Glauben an das Gute oder das Schlechte in uns tragen – das gehört zu uns, in unseren Ich-Bereich. Wir können das ändern. Wir können uns das so gestalten, wie wir es gerne haben möchten.

Neubewertung

Barnow (2015) beschreibt zwei mögliche Wege, um Emotionen zu beeinflussen: Der erste Weg liegt in der Außenwelt (zum Beispiel, indem sie eine Situation aufsuchen, in der Sie sich wohlfühlen), der zweite in der Innenwelt (Veränderung der Gedanken und Bewertungen). Da es häufig schwierig ist, die Außenwelt zu verändern, legt Barnow die zweite Variante nahe. Mittels der sogenannten „Neubewertung" verändern Sie zwar nicht die Situation an sich,

> aber „die Art und Weise, *wie Sie über Dinge denken und fühlen"*. Diese wirksame Strategie steigere nicht nur das Wohlbefinden, sondern ermögliche es Ihnen auch, sich von äußeren Bedingungen zu lösen.

Sagt uns die Arbeitskollegin beispielsweise für das geplante Brunchen ab, brauchen wir nicht zu denken, dass wir ihr gleichgültig sind – sondern wir können annehmen, dass ihr etwas Wichtiges dazwischen gekommen ist. Indem wir „zu unseren Gunsten" denken, erfahren wir weniger emotionale Belastung.

Wir sollten demnach unsere Bemühungen darauf richten, dass wir Ereignisse so bewerten, dass sie den Selbstwert erhöhen. Die Schlüsse, die wir aus Situationen ziehen, sollten immer wieder unseren Selbstwert stärken und uns helfen, auch in schwierigen Lagen nicht zu verzagen. Was in der Welt passiert, können wir häufig nicht ändern. Aber wir können es in ein neues Licht stellen, das uns selbst strahlen lässt. Diesen Lichtschalter finden wir im Ich-Bereich.

Das klingt alles sehr einfach und vielleicht kommen bei Ihnen jetzt Zweifel auf, ob sich das wirklich so leicht umsetzen lässt. Apropos Zweifel: Was ist das überhaupt? Hat Zweifel nicht auch etwas mit Deutung, mit Bewertung, mit Interpretation zu tun? Hierzu eine kleine Anekdote:

Zweifel

Ein spiritueller Lehrer wies mich darauf hin, dass *Zweifel* der Glaube an das Falsche sei. Wir haben infolgedessen immer zwei Möglichkeiten: Entweder glauben wir das Richtige – das, was uns glücklich macht, was uns wachsen und uns gleichzeitig jünger werden lässt –, oder wir glauben an das Falsche – folglich an das, was uns unglücklich macht, uns Sorgen bereitet und uns erschöpft.

Wir können uns selbst bereichern, indem wir lernen, über unsere Probleme zu lachen – und eine Situation so zu deuten, wie es uns gefällt. Zweifeln wir hingegen, so deuten wir ebenfalls die Situation – diesmal aber leider so, dass uns das Ergebnis unserer Gedanken nicht gefällt, wie uns das Beispiel „Golfturnier" zeigt.

Beispiel: Golfturnier

Wenn ein Golfprofi vor dem letzten Abschlag daran zweifelt, das Turnier zu gewinnen, obwohl (oder weil?) er weiß, dass er mit drei Schlägen vorne liegt, dann schwächt ihn das in seiner Leistung. Doch was heißt in diesem Falle *zweifeln?* Das heißt, er *glaubt* daran, dass er einen schlechten Abschlag macht, dass der Wind seinen Ball verweht, dass er den Ball nicht einlochen kann, … und dass der aktuell Zweitplatzierte besser ist als er, dass dieser ihn auf dem letzten Loch einholt und ihm den Sieg nehmen wird. (Sie können sich vorstellen, wie dieser Abschlag dann aussehen wird.)

Zweifel raubt uns Energie und wir bleiben hinter unseren Möglichkeiten zurück. Nebenbei gesagt ist es sehr schwierig, mit dem Zweifeln aufzuhören, wenn man meint, dass man nichts dagegen tun kann. Solange man glaubt, dass der Zweifel kommt und geht, wie es ihm gefällt, wird man ihm hilflos ausgesetzt bleiben. Aber das muss nicht sein!

Sie studieren in diesem Moment das Ich kann!-Prinzip, um Ihren Ich-Bereich und damit auch Ihr Leben zu verändern. Wenn Sie sich bewusst machen, dass der Zweifel eine Deutung zu Ihren Ungunsten ist, dann können Sie fortan Ihr Leben bereichern und die Welt nach Ihrem Geschmack interpretieren. Glauben Sie an das Richtige, das Schöne, das Gute, das Kraftspendende: Dann wird „Zweifel" bald nur noch eine blasse Erinnerung an etwas längst Vergessenes sein.

Fragen

* Denken Sie an Momente, unter denen Sie gelitten haben.
* Was können Sie diesen Positives abgewinnen?
* Was haben Sie diese Momente gelehrt?
* Denken Sie an Ihren stärksten Zweifel.
* Woran glauben Sie dabei?
* Lässt sich dieser Glaube ändern?

Von Habenwollen und Nichthaben

Jemanden vergessen wollen heißt, an ihn denken (Jean de La Bruyère).

Kennen Sie das? Sie wollen etwas haben, doch bekommen es nie. Sie wollen etwas erreichen, doch erreichen es nie. Viel Mühe und Zeit stecken Sie in dieses Ziel: Doch erfüllt wurde es noch immer nicht. Vielleicht kennen Sie das noch aus Schulzeiten, vielleicht aus dem Berufs- oder dem heutigen Privatleben. Sie strengen sich so sehr an und trotzdem gehen Sie am Ende leer aus: kein schönes Gefühl. Zuletzt fragen Sie sich „warum?", nicht wahr? „Ich habe doch alles gegeben." „Ich wollte doch nur das." Doch wer zu lange in die Sonne starrt, wird am Ende blind. Je größer unser Wunsch wird, desto weiter entfernt sich seine Erfüllung. Um dies zu verdeutlichen, möchte ich Ihnen ein Bild mit auf den Weg geben:

Beispiel: Luftballon

Stellen Sie sich vor, Sie sind nochmals Kind und verbringen Ihre Zeit auf einem Spielplatz, mit einem wunderschönen Luftballon in der Hand. Sie werden gerufen und lassen sich dadurch kurz ablenken – in diesem Moment gleitet Ihnen der Ballon aus der Hand. Was passiert, als Sie das bemerken? Was machen Sie dann, im Alter von ein paar Jahren? Richtig: Sie greifen danach, strecken Ihre Hand nach dem Ballon aus und machen sich für einen Augenblick so groß wie möglich, um ihn wiederzubekommen.

Wie war Ihre Haltung hingegen, als Sie den Ballon noch in der Hand hielten? Sie waren entspannt und gingen mit lockeren Armen auf dem Sand umher, die Hände leicht zur Faust geballt und doch fröhlich bis in die Fingerkuppen.

Diese Unterschiede erklären das Paradoxon des Haben-wollens: Wenn wir etwas ganz stark wollen, uns fast täglich mit diesem Wunsch auseinandersetzen, so impliziert dies auch, dass wir es *nicht haben.* Der Wunsch nach etwas ist immer Ausdruck des Nichthabens. Wir gleichen dann dem Kind, das eben seinen Luftballon, seinen wertvollen Schatz des Tages, verloren hat und den es unbedingt wie-derhaben möchte: Darum macht es sich groß, strengt sich an, verrenkt sich.

Merksatz

Der Wunsch nach etwas ist immer Ausdruck des Nichthabens.

Und kennen Sie auch das? Sie wollen etwas nicht haben, doch bekommen es immer und immer wieder. Seien es die Streitereien in der Familie, der Ärger im Geschäft, die Angst vor der Prüfung, die Schuppen auf der Haut, die Schmerzen im Kopf. Das raubt unsere Nerven, es macht uns schwach, wir wollen all das nicht mehr. Nie mehr! Das sagen wir den anderen und das sagen wir auch uns: mal mittags, mal abends, alleine im Bett. Wir *wollen* das *nicht!* … und wir fragen uns: „Warum ausgerechnet wir?" Die Antwort lautet: Ja, können Sie sich es denken? Weil wir das nicht wollen. Alles, was wir nicht haben wollen, ist uns so viel näher als alles, was wir haben wollen. Auch hierzu möchte ich Ihnen ein Bild liefern:

Beispiel: Hund

Sie sind wieder Kind und spielen im Garten, als ein großer Hund kommt, der Ihnen gefährlich erscheint. Schnell rennen Sie ins Haus, schließen die Türe und drücken stark gegen sie, damit der Hund sie nicht öffnen kann. Sie wollen den Hund nicht in diesem Haus, daher helfen Sie nach, die Tür zu verriegeln. Leuchtet Ihnen das ein? Nun, was erkennen Sie dann? Sie bleiben dort stehen, Stunden, Tage, Wochen, ja, Sie stehen heute noch dort. Weil Sie nicht wissen, ob der Hund schon gegangen ist und uns die Angst vor dem Hund, dieses Nicht-Habenwollen, uns an der Türe gefesselt hält. Wir glauben, der Hund ist noch dort, was deutlich macht, dass wir (zumindest in Gedanken) dem Hund nach wie vor nahe sind, ihm auch nahe bleiben. Ganz einfach, weil wir ihn in unserem Haus *nicht haben wollen.* Jedes Nicht-Habenwollen impliziert Nähe, sei diese real oder lediglich ein Luftschloss: Wir erleben sie als wirklich (denn Gefühle lügen nicht).

Merksatz

Jedes Nicht-Habenwollen impliziert Nähe.

Wie können wir uns aus diesem Paradoxon befreien? Uns einreden, dass alles, was wir haben wollen, wir nicht haben wollen? Und dass alles, was wir nicht haben wollen, haben wollen?

Das könnte ein Weg sein. Aber es ist nicht mein Weg. Ich gebe den Dingen lieber den nötigen Raum, damit sie selbst entscheiden können, ob sie zu mir kommen möchten oder nicht. Ich versuche daher, mich von allen Wünschen zu lösen. Alles Habenwollen und Nicht-Habenwollen lasse ich gehen; den Traum von der idealen Partnerin, von der modernen Wohnung, dem guten Job, den vielen, gut erzogenen Kindern … lasse ich gehen. Ich öffne meine Arme, um die Wünsche frei zu lassen und gewähre ihnen somit die Möglichkeit, zu gehen. Zugleich bin ich empfangsbereit, sofern sie eines Tages zu mir zurückkommen möchten. Lassen Sie uns unsere Arme weit ausbreiten und warten, was passiert. So kann geschenkt und genommen werden – es verlässt, was uns verlassen will, und es kommt, was uns heimsuchen will. Gemäß dem Prinzip:

Wer Freiheit schenkt, ist frei.

Fragen

- Was möchten Sie unbedingt erreichen?
- Was möchten Sie auf keinen Fall?
- Was haben Sie häufig gehabt?
- Was bedeutet Freiheit für Sie?

Verarbeitung von tiefer Trauer

> Man sieht die Sonne untergehen und erschrickt doch,
> wenn es plötzlich dunkel ist (Franz Kafka).

Das Ich kann!-Prinzip soll auch dazu dienen, tiefe Trauer
zu verarbeiten und sie gehenzulassen. Jeder, der schon einmal einen großen Verlust erlebt hat, weiß, wie sehr dies an
den Kräften zehrt. Ein Großteil der Gedanken beschäftigt
sich ausschließlich mit diesem Rückschlag und es ist häufig über Wochen oder Monate nicht möglich, den Blick
wieder nach vorne zu richten und hoffnungsvoll in die
Zukunft zu blicken. Die folgenden Gedanken sollen diese
dunkle Zeit der Niedergeschlagenheit erhellen.

Ich habe selbst erlebt, dass ich mich nach schweren
Schicksalsschlägen gelegentlich fragte: „Was hätte ich
besser tun können?" „Was hätte ich anders machen können?" oder auch „Warum habe ich nicht dieses und jenes
gemacht?" Da ich in verschiedenen Therapiestunden
erfahren habe, dass meine Zweifel auch viele meiner Klienten heimsuchten, möchte ich die Fragen genauer erörtern und mögliche Folgen betrachten.

Wenn wir uns darauf besinnen, was wir in Situation x besser hätten machen können, so werden wir immer eine Antwort finden. Wir sind stets in der Lage, Handlungsalternativen zu finden, und diese können wir als sinnvoller erachten als unsere gewählte Handlung. In unseren Köpfen scheint ein kleiner Geist zu wohnen, der weiß: „Das geht noch besser." Wir hören auf diesen Geist, folgen ihm blindlings und ununterbrochen. Solange wir glauben, alles hätten besser machen zu können, fällt es uns schwer, zufrieden mit unseren Handlungen und unserem Verhalten zu sein – und damit auch schwer, zufrieden mit uns selbst zu sein. Die Frage „Was hätte ich besser tun können?" ist bei einem schweren Verlust selten dienlich und daher ist es klug, zu hinterfragen, ob man diese Frage weiter stellen und Antworten dafür finden möchte. Uns kann die Frage in bestimmten Fällen weiterhelfen, damit ein ähnlich schwerer Verlust nicht erneut auftritt – doch zur *Verarbeitung* der Trauer ist diese Frage häufig kontraproduktiv.

„Ach, hätte ich doch …" Hätten wir doch alles anders gemacht, dann wäre sicherlich alles ganz anders gekommen. Wer kann sagen, welchen Lauf die Dinge genommen hätten? Der kleine Geist, der in uns wohnt, hat nicht immer Recht. Doch bin ich mir dessen bewusst, während ich diese Phrase ausspreche? Bin ich mir dessen bewusst, während die Frage aufkommt: „Was hätte ich anders machen können?"

Beispiel: Selbstvorwürfe

Nehmen wir als Beispiel einen 34-jährigen Mann namens Martin, dessen 2 Jahre jüngere Frau vor wenigen Monaten ihr Leben bei einem Zugunglück verloren hat und der seither unter einer depressiven Verstimmung leidet. Martin berichtet, dass seine Frau ihn noch morgens fragte, ob er sie nicht mit dem Auto in die Stadt fahren möge. Er verneinte aber, da er einen Geschäftstermin hatte und diesen nicht kurzfristig verschieben konnte. Als er am Tag des Zugunglücks vom Tod seiner Frau erfuhr, begann er, sich schwere Selbstvorwürfe zu machen. Er gab sogleich sich selbst die Schuld an dem Tod seiner Frau, da er sie nicht in die Stadt fuhr und ihre Bitte somit ablehnte. Seither plagten ihn Fragen wie „Warum habe ich ihre Bitte nicht erfüllt?", „Warum war der Geschäftstermin wichtiger?", „Wie konnte ich ihr das antun?"...

Es ist verständlich, dass diese Fragen – wie im Beispiel ersichtlich – bei Martin aufkommen. Uns würde es sicherlich ähnlich ergehen. Martin wünscht sich, dass diese Tragödie nie eingetroffen wäre, er wünscht sich, dass seine geliebte Frau noch leben würde. Da er sich eine andere Gegenwart ausmalt, muss er dazu auch die Vergangenheit ändern. Martin ist sich offensichtlich bewusst, dass die Gegenwart, in welcher er lebt, das Resultat der Vergangenheit ist. Hätte er in dieser Vergangenheit anders gehandelt, so wäre die Gegenwart gewiss auch eine andere. Aus therapeutischer Sicht ist es sehr schön, zu sehen, dass Martin die nötigen Ressourcen besitzt, um zu erkennen, wo man ansetzen müsste, damit das gewünschte Ergebnis erzielt werden kann. Doch leider wird Martin die Vergangenheit nicht ändern können, die Vergangenheit zählt schließlich zum Nicht-Bereich (vgl. Kap. 3 – „Die Dimension Zeit"). Wenden wir unseren Blick in die Gegenwart und beobachten wir, was mit Martin passiert, wenn ihn diese wiederkehrenden Fragen und Gedanken heimsuchen.

Die meisten dieser aufkommenden Fragen und Gedanken rauben Martins Kraft, lassen ihn noch schwächer erscheinen, als er aufgrund des erlittenen Verlustes ohnehin schon ist. Sie säen Selbstzweifel und Selbstkasteiung, sie implizieren, dass Martin Schuld hat am Tod seiner Frau. Doch wie groß müsste Martins Ich-Bereich sein, wenn er über das Leben seiner Frau verfügte? Hätte seine verstorbene Frau unter dieser Bedingung überhaupt einen Ich-Bereich gehabt? Wir sollten darauf bedacht sein, dass wir anerkennen, dass unser Ich-Bereich nicht beliebig groß gefasst werden kann. Kann Martin das anerkennen, gelingt es ihm vielleicht, den Nicht-Bereich als Nicht-Bereich zu akzeptieren. Der Nicht-Bereich hat es in seinem Falle schrecklich mit ihm gemeint, hat ihm die Unebenheiten des Lebens auf drastische Weise aufgezeigt und ihm damit eine riesige Bürde aufgetragen. Wenn er diese meistern soll, bedarf es eines enormen Willens, großer Hoffnung und eines einfühlsamen sozialen Umfelds. Doch in meinen Therapien habe ich erleben dürfen, dass manchmal solche Wunder geschehen können. Martin wünsche ich, dass er dieses Wunder selbst erleben darf und er den Blick bald wieder hoffnungsvoll nach vorne richten kann.

Fragen

- Was hätten Sie anders oder besser machen können?
- Was hätten Sie gerne anders gemacht?
- Hätten Sie das in jeder Situation gerne anders gemacht?
- Können Sie daraus lernen und es zukünftig ändern?

Wer gibt der Sache ihren Sinn?

Der Sinn des Lebens ist mehr als das Leben selbst (Stefan Zweig).

Das Ich kann!-Prinzip ist darauf bedacht, die eigene Situation zu verbessern, mehr Zufriedenheit zu erlangen und das Wohlbefinden zu erhöhen. Wenn wir etwas tun, das uns sinnlos erscheint, dann ist es fast unmöglich, dabei zufrieden oder gar glücklich zu sein. Schnell fragen wir uns dann, warum wir solch eine Tätigkeit ausüben müssen, wir sind davon genervt, weil es ohnehin nichts nützt. Etwas machen zu müssen, das keinen Sinn hat, verunreinigt folglich den Ich-Bereich.

Doch haben Sie sich auch schon gefragt, wer einer Sache einen Sinn gibt? Gibt es Tätigkeiten, die objektiv als sinnlos zu betrachten sind? Die von allen Menschen als sinnlos eingestuft würden? Da die Schule sehr anschaulich ist und wir alle sie wohl besucht haben, möchte ich nochmal ein Beispiel dazu anbringen: Eine Schülerin, die sich für Mathematik sehr interessiert, macht die ihr auferlegten Matheaufgaben gerne und mit großer Gewissenhaftigkeit, meistens wird diese auch gute Noten erzielen. Im Gegensatz dazu wird eine Schülerin, welche Mathematik nicht mag, die Aufgaben nur mit Widerwillen erledigen, wird sich immer wieder fragen, wozu sie das denn brauche und denken, dass es ihr – für ihren zukünftigen Werdegang – ohnehin nichts nütze. Die Hausaufgaben zu erledigen wird ihr fast als Strafe erscheinen, das Rechnen eine Qual sein. Sie wird viel unzufriedener sein als ihre

Klassenkameradin, die einen Sinn in der Mathematik findet oder diesen nicht hinterfragt.

Creusen und Müller-Seitz (2012) sprechen das Thema Sinngebung in ihrem Werk *„Das-Positive-Leadership-GRID"* an: „Gelingt es, auch in belastenden, sinnlos erscheinenden, negativen Ereignissen einen Sinn zu sehen oder ihnen einen Sinn zu geben, dann vermindern sich Belastungen deutlich." Tausch (2011) stellt bereits im Titel seines Kapitels „Sinn in unserem Leben – bedeutsam für seelische Gesundheit, Leistungsfähigkeit und Lebensqualität" unmissverständlich klar, wie wichtig Sinnerfahrungen sind. Er befragte in einer empirischen Untersuchung Mitarbeiter aus Unternehmen und fand heraus, dass sich Sinnerfahrungen positiv auf den Körper und die Psyche auswirken – beispielsweise in Form von weniger Schmerzen oder Müdigkeit, zugleich aber mehr Freude, Harmonie und Lebenszufriedenheit.

Beispiel: Schachbrett

Stellen Sie sich vor, Sie würden aus einem Stück Baumstamm ein Schachbrett mit der Säge herausarbeiten. Sie müssen sägen, müssen feilen, müssen es glätten und bemalen, um die Schachfelder hervorzuheben. Wir nehmen nun zwei Szenarien an:

- Im ersten Szenario hat Ihnen Ihr Schreinermeister mitgeteilt, dass das Schachbrett nach Fertigstellung in einer großen Messe ausgestellt wird und als Prachtbeispiel für die meisterlichen Tätigkeiten der Schreinerei dienen soll.
- Im zweiten Szenario sagt Ihnen der Meister, dass das nur zu Übungszwecken vorgesehen sei und er aktuell keine bessere Beschäftigung für Sie habe. Anschließend werde das Schachbrett natürlich entsorgt.

Obwohl die Tätigkeit im Beispiel „Schachbrett" dieselbe bleibt, löst es etwas ganz Unterschiedliches in Ihnen aus. Ihre Sicht auf die Tätigkeit hängt stark davon ab, *warum* Sie diese Tätigkeit ausüben. Vermutlich ist Ihre Sicht in Szenario 1 sehr unterschiedlich zu Szenario 2. Doch die Sicht auf die Dinge liegt immer im Ich-Bereich, hängt immer von Ihnen selbst ab. Was der Meister sagt, das fällt in den Nicht-Bereich. Wenn dieser es gut mit uns meint, so macht er es uns leicht, einen Sinn in der Aufgabe zu finden. Doch haben wir Pech, erschwert er es uns sogar. Doch all das ist Nicht-Bereich, nicht Ihr Bereich, nicht Ihre Sache. Wir selbst sind es, die einer Sache einen Sinn geben können. Dadurch können wir es uns leicht machen, zufriedener zu werden. In Szenario 2 könnten wir uns bewusst machen, dass zwar das Schachbrett anschließend entsorgt wird, wir aber dennoch unsere Fertigkeiten verbessern – und diese werden keineswegs entsorgt. Somit nützt uns die Tätigkeit, unabhängig davon, was danach mit dem Schachbrett geschieht. Nehmen wir aber einer Tätigkeit den Sinn, indem wir beispielsweise denken „Wozu muss ich das machen? Es wird danach ohnehin weggeworfen …" so stellen wir selbst eine Hürde auf – eine Hürde, die Arbeit auszuführen und eine Hürde, glücklich zu werden.

Merksatz

Wir selbst sind es, die einer Sache einen Sinn geben können. Sinngebung findet im Ich-Bereich statt.

Wollen Sie in den Zauber des Glücks und der Zufriedenheit springen, so stellen Sie besser keine Hürden auf.

Erfreuen Sie Ihr Herz und machen Sie sich das Leben leicht: Geben Sie Ihren Tätigkeiten einen Sinn.

Fragen

* Was erachten Sie als sinnvoll?
* Was erachten Sie als sinnlos?
* Können Sie die Ihnen sinnvoll erscheinenden Tätigkeiten häufiger ausüben?
* Können Sie den Ihnen sinnlos erscheinenden Tätigkeiten einen Sinn geben?

Das Hirngespinst namens Fehler

Alle Hindernisse und Schwierigkeiten sind Stufen, auf denen wir in die Höhe steigen (Friedrich Nietzsche).

Denken Sie häufig über Ihre Fehler nach? Was Sie besser anders gemacht hätten? Was Sie besser ganz unterlassen hätten? Wie Sie das nächste Mal reagieren würden, steckten Sie noch einmal in derselben Situation?

In diesem Kapitel geht es darum, uns vom herkömmlichen Denken über „Fehler" zu trennen und unsere ganz eigene Sicht auf „Fehler" zu gewinnen. Folgende beispielhafte Situation will uns dabei durch dieses Kapitel leiten:

Beispiel: Unzufriedenheit im Job

Michael findet keinen Gefallen mehr an seiner Arbeit als Bauzeichner. Er sucht eine neue Herausforderung und ehe er einen ganz neuen Beruf ausprobieren möchte,

> entscheidet er sich dazu, Bewerbungen zu schreiben, um einen neuen Arbeitgeber zu finden. Nach wenigen Wochen bekommt er eine neue Stelle in einem anderen Unternehmen. Zuerst fühlt er sich dort wohl. Er genießt es, neue Kollegen zu haben und neuen Tätigkeiten nachzugehen. Doch schon nach einem Monat erkennt er, dass ihn die neuen Aufgaben nicht mehr locken können. Die Arbeit missfällt ihm mittlerweile, die Kollegen sind anstrengend und die Freundlichkeit seines Chefs ließ seit Michaels Unterschrift deutlich nach. Kurzum: Michael bereut seine Entscheidung, das Unternehmen gewechselt zu haben, er sehnt sich nach seinen alten Kollegen und den Tätigkeiten zurück und ist der Meinung, mit dem Wechsel einen großen Fehler begangen zu haben.

Vielleicht haben Sie einen Bekannten, dem es ähnlich erging, oder steckten selbst einst in einer ähnlichen Situation. Andernfalls hoffe ich, dass Sie sich dennoch in Michaels Lage hineinversetzen können. Dies ist wichtig, um uns den „Fehlern" zu nähern.

Wann bemerken wir, dass wir einen „Fehler" begangen haben? Genau: Wenn wir ihn entdeckt haben und uns meist schon damit befassen, ihn zu bereinigen, sofern das möglich ist. Der „Fehler" bringt uns eine neue Erkenntnis (und manchmal zieht er auch eine Handlung nach sich). Eine Erkenntnis, die wir ohne den „Fehler" nicht gemacht hätten – und wodurch wir, mit Nietzsches Worten ausgedrückt, eine neue Stufe erreicht haben. In unserem Beispiel könnte Michael erkannt haben, dass seine „alten" Kollegen immer sehr freundlich waren, seine Tätigkeit abwechslungsreich und anspruchsvoll zugleich und auch sein Arbeitgeber sich meist korrekt verhielt. Was Michael jetzt als „Fehler" verflucht, ist in Wirklichkeit ein wichtiger Erkenntnisgewinn – ohne den vermeintlichen „Fehler" hätte er diesen nicht gehabt.

Des Weiteren muss geklärt werden, dass – um von einem „Fehler" zu sprechen – Michael eine Vorstellung im Kopf haben muss, was gewesen wäre, wenn er das Unternehmen nicht gewechselt hätte. In diesem Fall geht Michael wohl davon aus, dass es in seiner alten Arbeit noch genau so gewesen wäre, wie zu dem Zeitpunkt, als er noch dort tätig war. An sich eine vernünftige Vorstellung, denn was soll sich in wenigen Wochen schon groß ändern? Trotzdem müssen wir auch hier berücksichtigen: Wir wissen nicht, was anders gewesen wäre. Ob Michael täglich heil ins Geschäft gekommen wäre, ob ihm vielleicht auf dem Rückweg mal etwas zugestoßen wäre, ob es Ärger im Geschäft gegeben hätte …

Wir können definitiv nicht sagen, wie die Dinge verlaufen wären. Es ist demnach nur solange eine Alternative vorhanden, bis man eine Entscheidung trifft (wie in diesem Falle, dass Michael sich für den neuen Arbeitgeber entscheidet). Sobald diese gefällt wird, kann man nicht mehr von Alternative sprechen: Denn man weiß nie, was gewesen wäre, wenn … Mit Michaels Entscheidung ändert sich auch der Verlauf der Geschichte, wenn man so möchte. Alles andere ist nicht mehr als eine *Illusion*. Jedoch eine sehr hilfreiche, um sich selbst immer wieder unglücklich zu machen: Michael kann sich einreden, dass die andere Entscheidung viel besser gewesen wäre, dass die Angestellten des alten Unternehmens allesamt glücklich und zufrieden sind. Dadurch wird er sich selbst schlecht fühlen und möglicherweise beginnen, sich selbst zu bemitleiden oder zu verurteilen, weil er die „falsche" Entscheidung getroffen hat.

Merksatz

Sobald wir uns für einen Weg entscheiden, endet der andere Weg. Wir können nicht wissen, wie dieser aussieht.

Sich hingegen bewusst zu machen, dass es nur eine Alternative gibt, bis man sich entscheidet, kann helfen, sich nicht länger unglücklich zu machen. Die Alternative verfällt mit der Entscheidung, denn danach ändert sich der Verlauf der Geschichte. Man greift sozusagen in das Geschehen ein und verändert es. *„Was wäre, wenn …"* kann man nicht wissen. Allein schon deswegen ist es wenig sinnvoll, von einem „Fehler" zu sprechen. In Wirklichkeit kennt Michael die Alternative zu seiner momentanen Situation nicht. Somit kann er nicht beurteilen, ob ihm jene Situation besser oder schlechter gefallen würde. Behält sich Michael das im Kopf, fallen viele Sorgen und Zweifel von ihm ab, und möglicherweise gelingt es ihm auch, sich von Selbstvorwürfen zu befreien.

Begreifen wir, dass wir die Alternativen zu unseren Handlungen überhaupt nicht kennen, sind wir auf einem guten Weg. Vielleicht wird dann diese Anekdote Wirklichkeit: Auf der Suche nach seinen bisherigen „Fehlern" musste Michael feststellen, dass er keine mehr finden konnte.

Zum Nachdenken

Wieder ist ein Tag vorüber, wieder liegen wir im Bett, wieder haben wir gut 60.000 Gedanken erschaffen. Wie viele

davon sind unnötig? Wie viele helfen uns, nützen uns, stärken uns? Wie viele hingegen nähren den Zweifel, ja, lassen
uns verzweifeln? Über die Sinnlosigkeit der meisten Gedanken lassen sich gewiss viele Bücher schreiben, doch auf
einen Aspekt möchte ich hier näher eingehen:

Was wäre passiert, wenn Sie heute fünf Minuten länger
geschlafen hätten? Wären Sie dann mit dem rechten oder
linken Fuß aufgestanden? Hätten Sie die gleiche Kleidung
getragen? Wären Sie wirklich später zur Arbeit gekommen? Oder gar früher? Hätten Sie einen Unfall verursacht?
Hätten Sie ein Unglück verhindert? …

Wir können uns mit solchen Fragen quälen. Wir können
aber auch ehrlich und aufrichtig sein und uns schlichtweg eingestehen: Wir wissen es nicht. Wann immer etwas
anders gewesen wäre, so wäre die Gegenwart doch nicht
mehr dieselbe. Doch wir leben hier, hier in der Gegenwart. Daher können Sie sich fragen:

Fragen

- Was sind Ihre größten „Fehler"?
- Was bereuen Sie bis heute und was hätten Sie gerne anders gemacht?
- Wie wäre es gewesen, wenn Sie es anders gemacht hätten?
- Woher wissen Sie, dass es so gewesen wäre?

Mein Ich-Bereich, Dein Ich-Bereich

Je mehr Liebe man gibt, desto mehr besitzt man davon
(Rainer Maria Rilke).

Der Ich-Bereich ist gleich zweifach begrenzt: erstens durch den Nicht-Bereich, zweitens durch die Ich-Bereiche der anderen Personen (die größtenteils zwar auch als Nicht-Bereich zu verstehen sind, in diesem Kapitel aber gesondert hervorgehoben werden). Als Maxime gilt: *Der eigene Ich-Bereich endet dort, wo der Ich-Bereich eines anderen beginnt.* Nur so kann gewährleistet werden, dass jeder das gleiche Recht hat, sich selbst zu verwirklichen und zu versuchen, Glückseligkeit zu erlangen.

Die Rücksichtnahme auf die anderen Ich-Bereiche ist im alltäglichen Leben von großer Bedeutung. Stehen sich zwei Menschen sehr nahe, so gibt es natürlich Überschneidungen dieser Ich-Bereiche, doch jede Person sollte weiterhin eigenständig bleiben – sich immer wieder bewusst machen, wo sie ist, was sie möchte, wohin der Weg führen soll, den sie beschreitet. Es gibt Menschen, die ihr Hauptaugenmerk auf andere richten; sie beschäftigen sich beispielsweise viel mit den Nachbarn, reden und lästern über Kollegen und beobachten kritisch ihre Nahestehenden: Diese Menschen verlassen nicht nur ihren eigenen Ich-Bereich, sondern erschweren es gleichzeitig den Mitmenschen, ihren Ich-Bereich schön zu halten. Die Überschneidungen der Ich-Bereiche besitzen meist nicht die gleichen Interessen, verfolgen nicht dasselbe Ziel: Wer möchte Geläster und ständigem Beobachten ausgesetzt sein?

Personen, die sich über andere Ich-Bereiche einfach hinwegsetzen, handeln egoistisch. Denn sie meinen, dass ihre Interessen mehr zählen als die der anderen. Um dies zu vermeiden, kann sich an den Leitsatz „*Mein Ich-Bereich endet dort, wo der Ich-Bereich eines anderen beginnt*" gehalten werden. Diese beiden Ich-Bereiche dürfen gerne Hand in Hand gehen oder sich „umarmen", doch sollten die Grenzen stets anerkannt und akzeptiert werden. Sich dem Ich-Bereich zu widmen, beinhaltet auch die Anerkennung anderer Ich-Bereiche. Wenn jeder in seinem Ich-Bereich bleibt, ist es nicht länger nötig, andere Menschen verändern zu wollen. Diese haben ihren eigenen Ich-Bereich und uns steht es nicht zu, die Veränderung einer Person zu verlangen. Dennoch ist es üblich, dass in Partnerschaften beispielsweise Forderungen an den Partner oder die Partnerin gestellt werden, dass man sein Gegenüber anders wünscht und – bewusst oder unbewusst – zu verändern versucht. Nicht selten werden auf Dauer alle Beteiligten unglücklich und die gemeinsame Zeit mündet in Ärger, Frust und Streit.

Es muss aber keineswegs jede Veränderung etwas Negatives mit sich bringen, nicht jede Forderung muss zu einem Problem werden. Wie bereits angemerkt wurde, kommt es zu Überschneidungen der Ich-Bereiche, wenn sich zwei Menschen sehr nahestehen. Dann wird von beiden Partnern eine gewisse Anpassungsfähigkeit verlangt. An dieser Stelle möchte ich auf den Unterschied zwischen sich *anpassen* und sich *verbiegen* eingehen, welcher in dem vorliegenden Buch wie folgt definiert ist: Wenn wir uns anpassen, so können wir uns weiterhin in unserem Ich-Bereich aufhalten. Wir sind weiterhin eine eigenständige Person – mit eigenem Willen, mit eigenen Wünschen, eigenen Zielen und vielleicht auch Plänen, wie diese Ziele erreicht werden sollen. Trotzdem sind wir in der Lage, hier und da einer anderen Person entgegenzukommen, offen für deren Ansichten zu sein und an manchen Stellen einzulenken, oder ein Stück von der eigenen Meinung abzurücken, wenn es nötig ist. Sich anzupassen, ist eine große Fähigkeit, die einem jeden von uns innewohnt. Eine Partnerschaft führt folglich nicht zwangsweise zur Auflösung des eigenen Ich-Bereichs, zur Aufgabe der eigenen Person. Wenn man anpassungsfähig ist und die Grenzen des eigenen Ich-Bereichs anerkennt, kann man sicherlich auch langfristig glückliche und erfüllende Beziehungen führen und mit dem Engel an der Seite fliegen lernen …

Im großen Gegensatz zur Anpassungsfähigkeit steht das Phänomen des „sich Verbiegens". Wenn in diesem Buch davon gesprochen wird, dass wir uns *verbiegen,* ist das so zu verstehen, dass wir uns nicht länger in unserem Ich-Bereich befinden. Wir hören dann auf, eigene Wünsche zu hegen, opfern unsere Ziele für die der anderen, verlieren den Kontakt zu unserem Selbst und geben unsere Person ein Stück weit auf. Wenn wir spüren, dass wir uns verbiegen, sollten wir uns wieder auf uns selbst fokussieren. Denn wir sind das Einzige, das wir haben, um das Leben – mit allen seinen Facetten – zu erfahren, verinnerlichen, erleben. Wir sind Leben.

Wenn wir uns unsicher sind, ob wir uns für andere anpassen oder uns für diese verbiegen, kann uns folgende Frage weiterhelfen: Was ist mein eigenes Ziel? Wo soll der Weg hinführen, den ich augenblicklich beschreite? Verfolge ich ein Ziel, das mit den Wünschen der anderen Person(en) stark im Widerspruch steht und sich kaum oder nicht vereinen lässt? Dann muss ich befürchten, dass ich mich verbiegen müsste, um hierbei eine Brücke zu schlagen.

Doch nicht nur in Liebesbeziehungen gilt es, die Ich-Bereiche unserer Mitmenschen anzuerkennen und die Grenzen einzuhalten. Dies ist in jeglichem sozialen

Kontakt von entscheidender Bedeutung. Es ist mir wichtig, auf diesen Punkt genauer einzugehen. Denn das Ignorieren von anderen Ich-Bereichen kann zu schlimmen Folgen führen, Menschen können dadurch geschädigt und getötet werden. Hierzu ein äußerst tragisches Beispiel:

Beispiel: Flugzeugabsturz

In nahezu jeder deutschen Tageszeitung war im März 2015 vom Flugzeugabsturz einer Germanwings-Maschine zu lesen. Der Airbus war auf dem Weg von Barcelona nach Düsseldorf in den französischen Alpen an einer Felswand zerschellt. Das Entsetzen des Flugzeugabsturzes wich schnell dem Entsetzen über die Bekanntgabe der angeblichen Ursache der Katastrophe: Der Co-Pilot Andreas L. wurde verdächtigt, seinen Kollegen aus dem Cockpit ausgesperrt und das Flugzeug willentlich in die Felswand gesteuert zu haben.

Wer in ein Flugzeug steigt, gibt die Kontrolle an die (Co-) Piloten ab. Der Pilot hat die Kontrolle über die Maschine und somit auch über das Leben der Passagiere. Wenn er ausfällt, übernimmt sie der Co-Pilot. Wenn ein einzelner Mensch so viel Kontrolle besitzt, kann das sehr schlimm enden, wie an dem abschreckenden Beispiel zu sehen ist. Die Überschreitung des eigenen Ich-Bereichs lässt sich in einem Flugzeug nicht verhindern, schließlich können wir das Flugzeug nicht selbst steuern – die Kontrolle wird zwangsweise an die Männer und Frauen im Cockpit übergeben. Diese aber sollten sehr besonnen und vernünftig damit umgehen, schließlich handeln diese nicht nur im eigenen Ich-Bereich, sondern auch im Ich-Bereich jeglicher Fluggäste.

Dasselbe gilt auch für den Zugführer, den Schiffska-
pitän oder den Autofahrer, wenn er mindestens einen
Beifahrer neben sich sitzen hat. Der Ich-Bereich wird
erweitert, indem man zusätzlich die Kontrolle für andere
übernehmen muss. Man befördert nicht nur sich selbst,
sondern auch alle Mitfahrer. Darum ist es wichtig, sich der
Verantwortung gewahr zu werden und sich ins Gedächtnis zu rufen, warum die Kontrolle übernommen wurde –
und weshalb diese Menschen ihre Kontrolle abgaben: um
sicher zum gewünschten Ziel befördert zu werden. Den
Gästen selbst steht es zu, sich vorab zu überlegen, ob dieser Flug, diese Zug- oder Schifffahrt etc. es wert ist, die
Kontrolle abzugeben. Denn diese Entscheidung fällt in
ihren Ich-Bereich.

Fragen

- Wann ist es angemessen, die Kontrolle abzugeben?
- Wann ist es unangemessen, die Kontrolle abzugeben?
- Welche Anforderungen möchten Sie erfüllen, welche nicht?
- Worin liegt für Sie der Unterschied zwischen anpassen und verbiegen?
- Können Sie sich anpassen?
- Müssen Sie sich manchmal verbiegen?
- Wo steht hierbei das eigene Ziel?

Karma, Schicksal und Genetik

Wir können nicht zu neuen Ufern aufbrechen, wenn
wir nicht bereit sind, das alte aus den Augen zu verlieren
(Seneca).

Viele Menschen, insbesondere in der östlichen Welt, glauben an das Karma. Sprich daran, dass uns jene Dinge widerfahren, die uns widerfahren sollen, weil es die Folgen aus den Handlungen unserer früheren Leben sind. In der westlichen Welt wird hingegen vermehrt auf die Genetik zurückgegriffen, um das Leben zu erklären. Warum wir glücklich oder depressiv, attraktiv oder schwerstkrank sind, liegt angeblich an unseren Genen.

Wenn wir mit dem Glauben an Karma oder Genetik das Leben leben, machen wir uns bis zu einem gewissen Grade ohnmächtig. Oder haben Sie schon einmal versucht, Ihr Karma zu verändern? Haben Sie schon etwas gegen Ihre Gene unternommen? Und haben Sie schon versucht, Einfluss auf Ihr Schicksal zu nehmen?

Ich finde es keineswegs verwerflich, an Genetik, Schicksal oder die Lehre des Karma zu glauben. Das kann sehr hilfreich sein, um unsere Welt zu erklären und uns helfen, die uns quälenden Fragen zu beantworten. In meinen Augen sollten wir dennoch versuchen, uns nicht ohnmächtiger zu machen, als wir sind. Wir sollten nicht freiwillig den Ich-Bereich an den Nicht-Bereich abgeben. Wie können wir das erreichen, ohne gleich unseren Glauben aufgeben zu müssen?

Beispiel: Karma

Sofern Sie an die Lehre des Karma glauben, machen Sie sich auch bewusst, dass Sie hier und jetzt das Karma für die kommenden Leben erschaffen. Ihr Handeln von heute ist demnach Ihr Karma von morgen. Zudem trägt das Karma keine *Situationen* zu Ihnen, sondern *Aufgaben* – zum Beispiel die Aufgabe, mit Armut umzugehen, mit einer zerstrittenen Familie, mit einem schwierigen Ehemann. Sie haben eine Aufgabe erhalten: Jetzt liegt es an Ihnen, das Beste daraus zu machen.

Beispiel: Genetik

Glauben Sie hingegen an die Genetik, dann machen Sie sich bewusst, dass Wissenschaftler bereits erfolgreich nachweisen konnten, dass Gene mutieren können, das heißt, in der Lage sind, sich zu verändern. Wodurch das genau geschieht, ist bisher nicht geklärt. Das heißt aber für Sie, dass Sie Einfluss auf Ihre Gene haben können. Denn auch der Nachweis einer Interaktion zwischen einzelnen Genen und dem psychischen Zustand konnte bereits erbracht werden. Ihre Gene von heute sind nicht Ihre Gene von morgen. Im Kapitel „Gene sind kein Schicksal" schreibt der Wissenschaftsjournalist Stefan Klein (2010): „Was ein bestimmtes Gen im Organismus ausrichtet, hängt in hohem Maße von Wechselwirkungen mit der Außenwelt ab." Er führt u. a. eine Studie von Michael Meaney an (vgl. Francis et al. 1999), in welcher dieser den Ursachen von Stressresistenz nachging. An Rattenbabys wies Meaney nach, dass die frühen Erfahrungen ausschlaggebend dafür sind, ob man im Erwachsenenalter schwierige Situationen gut bewältigen kann – oder daran verzweifelt. Es komme dabei weniger auf die Gene, als vielmehr auf die Brutpflege (ergo die „Umwelt") an. Dies fand er heraus, indem er die Rattenbabys von unterschiedlich fürsorglichen Müttern untersuchte: Er teilte diese in fürsorgliche (leckten die Jungtiere ab und kraulten sie) und nachlässige Mütter (kümmerten sich wenig um die Babys) ein. Dann vertauschte er die Rattenbabys – sodass die fürsorglichen Mütter die Babys der nachlässigen Mütter aufzogen (und umgekehrt), demzufolge waren alle „Adoptivmütter". Das Ergebnis verblüffte, denn die Rattenbabys, die das Glück hatten, bei den fürsorglichen Müttern aufzuwachsen, waren im Erwachsenenalter

belastbar. Stressanfällig wurden dagegen jene Rattenbabys, die von den nachlässigen „Adoptivmüttern" aufgezo-
gen wurden.

Beispiel: Schicksal

Das Schicksal ist ähnlich wie das Karma zu betrachten: Es
konfrontiert Sie nicht zwingend mit einer Situation – sondern vielmehr mit Aufgaben. Aufgaben können durch uns
bewältigt werden oder ungelöst bleiben, aber wenn Sie
genügend Willen aufbringen, wird sich immer ein gangba-
rer Weg zeigen. Das Schicksal prüft unseren Willen! Diese
Prüfungen können sehr schmerzhaft und mit aller Bitter-
keit des Lebens bespickt sein. Wenngleich man von „Schick-
salsschlag" spricht, sollte man nicht vergessen, dass man
auf verschiedene Arten auf einen Schlag reagieren kann.
Wählen Sie eine Reaktion, die Ihnen selbst gut tut.

Wir Menschen haben von den Gottheiten die Schöp-
fungskraft erhalten. Würden wir diese Macht voll und
ganz einsetzen, könnten wir die Welt in einem Augenblick
verändern (Emoto 2010).

Woran auch immer wir glauben mögen: Es ist für das Ich
kann!-Prinzip erforderlich, dass der Ich-Bereich weiter
sinnvoll vom Nicht-Bereich getrennt wird. Geben Sie den
Ich-Bereich nicht auf, lassen Sie den Nicht-Bereich nicht
größer werden, als er ist. Legen Sie das Hier und Jetzt
immer in Ihre eigenen Hände: Sie haben die Möglichkeit,
jetzt Ihr Leben, Ihr Karma, Ihr Schicksal zu verändern.

Wählen Sie eine Handlung nach Ihrem Gusto und leben Sie Ihr Leben – wer könnte dies besser tun als Sie selbst?

Fragen

* Wie können Sie Einfluss auf Ihr Schicksal nehmen?
* Welche Umwelt wollen Sie Ihren Genen bieten?
* Wie soll Ihr Karma von morgen aussehen?
* Was können Sie davon nutzen, um Ihren Ich-Bereich zu verschönern?

Anderen helfen

Die beste Arznei für den Menschen ist der Mensch (Paracelsus).

Das Ich kann!-Prinzip soll zwar in erster Linie dazu dienen, uns selbst zu helfen – ganz nach dem Motto: „Wenn sich jeder selbst hilft, ist jedem geholfen." Doch sind nicht alle in der glücklichen Lage, sich selbst helfen zu können. Es fehlen beispielsweise die nötigen Ressourcen, die lehrreichen Erfahrungen oder die Hoffnung auf Besserung. Daher empfinde ich es als Segen, auch anderen eine Stütze sein zu können, sofern sie dieser bedürfen. Das Ich kann!-Prinzip unterstützt diesen Gedanken und die folgenden Seiten sollen dem sinnvollen Umgang des Ich kann!-Prinzips in Bezug auf unsere nahen Mitmenschen gewidmet sein. Zudem werden allgemeine Hilfestellungen bei Kontakt mit Menschen, die unsere Hilfe suchen, angeführt.

Um die Anwendung des Ich kann!-Prinzips zu veranschaulichen, sei hier ein Beispiel aus einem therapeutischen Setting gegeben. Marlon leidet seit Wochen unter Schlafproblemen. Da er sich erinnert, dass seine Nachbarin Leila eine psychotherapeutische Ausbildung hat, bittet er sie um Hilfe. Leila fungiert hierbei als Therapeutin, Marlon als Hilfesucher.

Problemklärung

Bei einer Problemklärung spielt die vom Problem betroffene (und meist auch darunter leidende) Person die Hauptrolle. Alle anderen (der Hilfesteller eingeschlossen) sind – in diesem Falle – lediglich „Randfiguren". Ich sage das an dieser Stelle so deutlich, weil es in meinen Augen einen großen Einfluss darauf hat, ob die Hilfe wirksam sein wird oder nicht.

Kommt ein Klient zu Leila, so ist sie als Person erst einmal vollkommen unwichtig! Es geht nicht um sie, sondern um den hilfesuchenden Klienten – in diesem Falle um Marlon. Vielleicht geht es Marlon sehr schlecht und er steht vor Problemen, die allein nicht gelöst werden können. Noch kann Leila den tatsächlichen Leidensdruck nicht abschätzen. Darum nimmt sie sich als Person so weit wie möglich zurück und versetzt sich mit großer Empathie in Marlon hinein. Dies ist vonnöten, um ihn wirklich zu verstehen und damit die Grundlage für die Vermittlung des Ich kann!-Prinzips zu bilden.

Marlon schildert in aller Ruhe das Problem. Manchmal kann es schon heilsam sein, sich ein Problem von der Seele zu reden. Sobald Leila Marlons Anliegen verstanden und verinnerlicht hat, nimmt sie ein Beispiel aus eigener Erfahrung, in dem sie in einer ähnlichen Situation war. Wichtig ist, dass sie dabei selbst ein Problem hatte und sie sich damals schwertat, es zu lösen. Dadurch fühlt sich Marlon ernst genommen und er spürt sogleich, dass er nicht alleine ist. Das stärkt ihn. Aus „seinem Problem" gilt es ein „gemeinsames Problem" zu machen – aus den zwei verschiedenen Rollen aus „Hilfesucher" und „Hilfestellerin/Therapeutin" wird folglich ein „Wir". Marlon wird viel eher in der Lage sein, einen Rat anzunehmen, wenn er in Augenhöhe angeboten wird. Solange er aber das Gefühl hat, dass eine Hierarchie zwischen ihnen besteht, hat es den Beigeschmack einer Anweisung und er wird sich schwertun, dieser nachzukommen.

Zusammen (!) sollte nun „entdeckt" (sie nehmen den Fall wie ein neues Gebiet wahr, das erkundet werden muss) werden, ob das Problem eher dem Ich-Bereich oder dem Nicht-Bereich zuzuordnen ist. Es ist schwierig, den Schlaf zu beeinflussen – daher scheint er zu großen Teilen dem Nicht-Bereich anzugehören. Doch Leila hakt bei Marlon nach und möchte wissen, seit wann er unter diesen Schlafproblemen leidet. Welche Konflikte hatte er in jener Zeit erlebt? Sie erfragt, welche Gedanken ihm speziell in der Abendruhe durch den Kopf gehen. Welche Zweifel, Sorgen und Ängste hat Marlon? Wie sieht sein Alltag aus? Wie ernährt er sich (auch im Vergleich zu jener Zeit, als er noch ruhig schlafen konnte)?

Leila macht Marlon anschließend deutlich, was unter den beiden Bereichen zu verstehen ist und wählt geschickt einige Beispiele aus (Verhalten = Ich-Bereich, Wetter = Nicht-Bereich usw.). Marlon kann beispielsweise seine Ernährung umstellen, das nächtliche Aufwachen ist hingegen nicht direkt beeinflussbar. Sobald Marlon die beiden Bereiche verstanden hat und diese vor dem „inneren Auge" sehen kann (bereits hier wirkt das Betrachten der beiden Bereiche heilsam, weil man Abstand zu ihnen gewinnt), wird eine Zuordnung getroffen. Hierbei entscheiden sich Marlon und Leila, welchem Bereich das Schlafproblem *vorrangig* zuzuordnen ist.

Ganz bewusst geht Leila auf die Konsequenzen der unterschiedlichen Zuordnung ein: Den Ich-Bereich kann Marlon immer verändern, jedoch kostet dies viel Mühe und Anstrengung. Zudem erfordert es, dass er sich teilweise von alten Mustern und Gewohnheiten lösen muss (zum Beispiel Sport und Nahrungsaufnahme bis spätestens 19 Uhr, damit der Körper anschließend zur Ruhe kommt). Hingegen kann der Nicht-Bereich nicht verändert werden – er verlangt Marlons vollkommene Akzeptanz und die bedingungslose Annahme.

Situationen, die so oder in ähnlicher Form wiederholt auftreten und große Probleme bereiten, haben häufig einen wichtigen Ursprung im Ich-Bereich. Darum prüfen Marlon und Leila gemeinsam, ob es eine Ursache im Ich-Bereich gibt, und erörtern dann die zugrunde liegenden Gedanken und Emotionen. Leila erinnert Marlon daran, dass Gefühle und Emotionen zum Ich-Bereich zählen und sich diese regulieren lassen. Wie bedeutsam das ist, zeigt uns einer meiner ehemaligen Professoren:

Im bereits erwähnten „Training emotionaler Kompetenzen" beschreibt Prof. Matthias Berking (2015) den Zusammenhang zwischen Emotionsregulation und psychischer Gesundheit. Er kommt zu dem Fazit, dass Patienten, die von psychischen Störungen betroffen sind, häufig Schwierigkeiten mit ihrer Emotionsregulation haben. Diese Schwierigkeiten spielen bei der Entstehung und Aufrechterhaltung von vielen psychischen Störungen eine bedeutende Rolle. Durch die Verbesserung der allgemeinen Emotionsregulation könne in vielen Fällen eine Besserung der psychischen Störungen herbeigeführt werden.

Merksatz

Ermutigen Sie Ihr Gegenüber, Emotionen anzunehmen und zu regulieren.

Abschließend gibt Leila Marlon noch mit auf den Weg, dass er sich jederzeit bei ihr melden könne, sollte er erneut unter seinen Schlafproblemen oder anderen Situationen leiden. Dadurch hält sie die erschaffene Gemeinsamkeit aufrecht, auch wenn Marlon nicht von diesem Angebot Gebrauch machen sollte. Außerdem ist Leila ihrem Nachbarn dankbar und teilt ihm dies mit. Schließlich hat sich dieser ihr anvertraut und ein persönliches Erlebnis mit ihr geteilt. Leila hat durch dieses Gespräch viel Neues gelernt. Durch den laut ausgesprochenen Dank verliert Marlon wohl vollends das Gefühl, dass er der „Hilfesuchende" war.

Wenn Sie in ähnlichen Situationen sich Leila als Vorbild nehmen und mit Ihren lieben Mitmenschen ebenso empathisch und umsichtig in Gespräche treten, werden Sie – auch ohne therapeutische Ausbildung – anderen eine große Hilfe sein. Ist das nicht schön?

Fragen

* Wer möchte Ihre Hilfe?
* Wie kann diese Person die Hauptrolle im Gespräch spielen?
* Können Sie ihr Ihre volle Aufmerksamkeit widmen?
* Welches Bild hat sie vom Ich-Bereich und vom Nicht-Bereich?

Das ABC des Mitgefühls

Wo immer ein Mensch ist, gibt es die Möglichkeit zur Liebenswürdigkeit (Seneca).

Es gibt noch einen weiteren Weg, anderen Menschen in schwierigen Situationen eine Hilfe und Stütze zu sein. Da diese Methode aus drei ganz wichtigen Vorgehensweisen besteht, habe ich sie „Das ABC des Mitgefühls" genannt. In den zahlreichen und sehr unterschiedlichen Therapiestunden haben sich drei Elemente als besonders wichtig herauskristallisiert:

Acceptance
Zunächst gilt es, der leidtragenden Person mit uneingeschränkter *A*-kzeptanz zu begegnen. Das heißt, sie so *a*nzunehmen, wie sie ist. Indem Sie ihr zeigen, dass sie so in Ordnung ist, wie sie ist, fühlt sie sich bei Ihnen wohl und kann sie selbst sein. Sicherlich hat sie viel Kritik erfahren, ist möglicherweise auch sehr selbstkritisch und kennt die eigenen Schwächen nur zu genau. Nicht selten

ist das Selbstbild auf sogenannte „Fehler" und „Unzulänglichkeiten" reduziert. Diesem können Sie entgegensteuern:
Begegnen Sie ihr in Liebe und Akzeptanz und geben Sie
ihr ein Stück weit das *Urvertrauen,* in welchem wir alle
einst geboren wurden, zurück.

Das Beste gegeben

Betz (2010) behauptet, wir hätten die beste Lebensleistung
vollbracht, die machbar war: „Du hast dein Bestes gegeben, und das wartet auf deinen Segen, auf deine Anerkennung." Das gilt für uns ebenso wie für jeden anderen
Menschen auf diesem Planeten. Dennoch leiden viele unter
einem negativen Selbstbild und gehen mit sich selbst hart
ins Gericht. Umso wichtiger ist es daher, all diesen Personen
in Sanftheit und Milde zu begegnen und sie an die weisen
Worte von Robert Betz zu erinnern.

Battery

Um eine Situation zu verbessern oder ein Problem zu
beheben, bedarf es Veränderung – und jede Veränderung braucht Energie und Kraft. Eine Person, der es sehr
schlecht geht, besitzt meist nur wenig oder nahezu keine
Energie, sie fühlt sich kraftlos und leer – ihr Akku muss
wieder aufgeladen werden. Darum ist der nächste Schritt,
das *B,* dass wir als Batterie fungieren und dieser Person
ihre Energie und Kraft wiedergeben. Dies geschieht beispielsweise in Form von Komplimenten, einem ausgespro-
chenem Lob oder positivem Feedback, das wir ihr ganz
gezielt mitteilen. Auch eine regelmäßige Bestätigung ihrer
Person kann neue Kräfte freisetzen. Sobald Ihr Gegenüber
genügend Kraft gewonnen hat, kann damit begonnen werden, eine Veränderung herbeizuführen.

Calm

Sie wissen es ja selbst: In der Ruhe und Stille liegt die Kraft. Abschließend steht das *C* dafür, ruhig und geduldig zu sein. Sie haben das Nötige getan, damit Heilung eintritt. Doch bis sich die positiven Auswirkungen zeigen, bedarf es meist auch einer gewissen Zeit. Geben Sie sich und der betroffenen Person diese Zeit. Sobald die Zeit gekommen ist, werden die Erfolge sichtbar.

Merksatz

Die Akzeptanz, das Schenken von Energie und die Stille sind die Grundpfeiler, um Mitgefühl zu zeigen.

Selbstverständlich gilt auch hier, dass Sie nur jenen Menschen helfen können, welche sich auf eine Hilfe einlassen möchten. Insbesondere der erste Schritt, die bedingungslose Akzeptanz, erhöht die Wahrscheinlichkeit, dass sich jemand Ihnen zuwendet und Ihre Hilfe aufsucht. Eine Garantie stellt aber auch dieser Schritt nicht dar. Wer nicht mag, dass man ihm hilft, den kann man nicht zu seinem Glück zwingen. Wenn Sie die Lust und Laune aufbringen, können Sie Ihre Hilfe anbieten. Doch akzeptieren Sie auch, sofern diese abgelehnt wird. Schließlich ist auch das *bedingungslose Annahme*.

Fragen

- Akzeptieren Sie Ihre Mitmenschen?
- Können Sie diese Akzeptanz auch zeigen?

- Welche Komplimente möchten Sie Ihrer Umwelt machen?
- Wie fühlt sich Ihre „innere Ruhe" an?

Das persönliche Puzzle

Wer meint, dass er nichts kann, kennt sich nicht gut genug.

In den vorangegangenen Seiten habe ich davon gesprochen, dass wir mittels des Ich kann!-Prinzips durchaus auch anderen helfen können. Um möglichst effektiv anderen Menschen eine Stütze zu sein, ist es wichtig, dass wir über ein gesundes Selbstvertrauen und ein positives Selbstkonzept verfügen.

Selbstkonzept

Nach Jonas et al. (2014) lässt sich das Selbstkonzept beschreiben „als die Ansammlung der Inhalte aller Selbsterfahrungen, einschließlich unserer charakteristischen Merkmale, unserer sozialen Rollen, unserer Werte, unserer Ziele, unserer Ängste usw.". Sie können an dieser Stelle überlegen, über welches Selbstkonzept Sie verfügen. Wie sehen Ihre Werte, Ihre Ziele aus? Was sind Ihre charakteristischen Merkmale?

Jedoch haben offensichtlich nur wenige das „Glück", mit einem positiven Selbstkonzept gesegnet worden zu sein. Viele Menschen hadern mit sich (und der Welt) – und das sehr häufig zu Recht: Denn es gibt viele wichtige Informationen, die wir nicht besitzen. Es gibt viele Fähigkeiten, welche wir nicht besitzen. Sicherlich könnte ein jeder von uns einige „Mängel" und „Unzulänglichkeiten" von sich aufzählen. Schon kommt die Asche auf das Haupt … Es ist für mich schnell nachzuvollziehen, dass man eher ein negatives denn ein positives Bild von sich hat. In einer Welt, in welcher der Glanz und Glamour der Reichen und Schönen, die besonderen Fähigkeiten der Hochbegabten und die Kunstwerke der Kreativen täglich durch die Medien auf uns einprasseln, ist es leicht, sein eigenes Licht unter den Scheffel zu stellen. Was ist unsereins, verglichen mit den Stars und Sternchen von heute? Was haben wir schon auf die Beine gestellt, was vor uns noch niemand erschaffen hat? Hätte dies und das Hinz und Kunz nicht besser gemacht?

Diese Fragen fördern unser Selbstbewusstsein wohl kaum. Doch wer kann von sich behaupten, dass ihn solche Fragen nicht beschäftigen? Ja, wer kann sagen, dass er selbst frei von Selbstzweifeln ist? Ich mag nicht ausschließen, dass Sie, liebe Leserin, lieber Leser, noch nie Selbstzweifel hatten, aber ich habe bisher niemanden dergleichen persönlich kennengelernt. Da uns täglich gezeigt wird, worin andere Menschen besser sind als wir, ist es sehr schwer (aber auch umso wichtiger!), ein gesundes Selbstbild zu gewinnen. Es ist leicht, sich mit seinen Mängeln zu beschäftigen. Es ist leicht, seine „Fehler" zu kennen. Es ist leicht, in allem Guten etwas Schlechtes zu finden. Wenn Sie meinen Bekannten ein Stück weit gleichen, sind Sie geradezu ein Meister darin. Darum brauche ich Ihnen nicht zu erklären, wie das geht. Sie können das schon und Sie bekommen es täglich aufs Neue gezeigt.

Wie wäre es aber, würden wir uns mit der schwierigeren, anspruchsvolleren Aufgabe beschäftigen? Wir folglich versuchen, unsere Vorzüge zu betrachten, ohne (!) auf unsere „Mängel" und „Fehler" zu schauen? Wenn wir – ganz entgegen des heutigen Zeitgeistes – unsere rosarote Brille aufsetzen und sie – ja, genau – einfach aufgesetzt lassen? Da das nicht so einfach geht, will ich Ihnen mit einer kleinen Metapher eine Hilfestellung geben: Indem wir beginnen, in den nächsten Tagen unser eigenes Puzzle zu kreieren.

Ein Puzzle? Richtig: ein einfaches Puzzle. Zur Anleitung des Puzzles muss nur folgender Aspekt beachtet werden: In das Puzzle darf nur eingefügt werden, was uns an uns selbst gefällt. Wir ziehen demgemäß mit unserer rosaroten Brille durch die Welt (und unser Gedächtnis) und fügen alles unserem Puzzle hinzu. Das Puzzle modifizieren wir zu einem „Einkaufskorb" – er wird mit allen schönen Dingen gefüllt. Vielleicht erinnern wir uns an einen schönen Tag, an dem wir viel gelacht haben, vielleicht an einen kleinen Spaß, über den andere lachten … was immer es ist: hinein damit. Das können Komplimente von Partnern oder Kollegen, Siege in Sportwettkämpfen, gute Noten in der Schule, Lob von Eltern oder Chefs sein. Was immer den Selbstwert anheben ließ: hinein, hinein, hinein. So wird unser persönliches Puzzle, wie es in Abb. 5.1 „Persönliches Puzzle" zu sehen ist, schön und groß und bunt.

Merksatz

Das persönliche Puzzle wird mit all jenen schönen Dingen erschaffen, die uns widerfahren sind – bis es schön, groß und bunt ist.

Abb. 5.1 Persönliches Puzzle

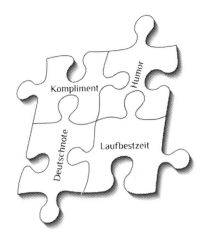

Manchmal kann es schwerfallen, wirklich nur das, was den Selbstwert steigern ließ, zu berücksichtigen. Mit einer guten mündlichen Note mag uns auch das schriftliche Versagen in den Sinn kommen. Unter diesen Voraussetzungen sollte unbedingt eine Trennung erfolgen: Die mündliche Note kommt ins Puzzle, die schriftliche in die Demenz. Ebenso verfahren wir, wenn Kritik und Kompliment eng miteinander gekoppelt waren. Die Kritik darf vergessen werden, das Kompliment hingegen unterstrichen und neonfarben markiert. Um unseren Selbstwert zu steigern, ist es von Zeit zu Zeit nötig, sich mal selbst auf die Schultern zu klopfen, den Bauch zu pinseln und im Spiegel nur das zu betrachten, was einem selbst gefällt. Haben wir einmal ein solches Puzzle mit unseren Stärken und Fähigkeiten erschaffen, können wir ein Leben lang darauf zurückgreifen – und uns daran laben.

Im Übrigen können wir – zusätzlich zum persönlichen Puzzle – auch ein „Lebenspuzzle" erstellen, das uns als eine Art *innere Kraftquelle* dienen soll. In dieses kommt sozusagen alles, was schön ist. Sprich: Alles, was uns gefällt. Hierin können auch Aspekte eingefügt werden, die nichts mit uns zu tun haben. Das könnten beispielsweise ein schöner Satz aus einem Roman sein, ein Bild aus einer Illustrierten, ein toller Moment, ein Sommertag, das Geschmackserlebnis der Lieblingseissorte … Was immer es ist: hinein! Je stärker wir an diesem Lebenspuzzle arbeiten, je weiter wir es vervollständigen, desto eher erkennen wir: *Glück ist keine Illusion. Glück ist vielmehr eine Art der Weltanschauung, ein „Wahrnehmungsfilter".*

Fragen

* Was können Sie besonders gut?
* Wie sieht Ihr Selbstkonzept aus?
* Was schätzen Ihre Freunde an Ihnen?
* Welches ist Ihr schönstes, persönliches Puzzleteil?

Fazit: Neue Möglichkeiten

Man muss das Mögliche vollbringen, um das Unmögliche zu berühren.

Sie haben in diesem Kapitel neue Möglichkeiten erfahren, Ihr Leben positiv gestalten zu können. Dazu zählen das persönliche (Lebens-)Puzzle, um den Selbstwert zu erhöhen und sich bewusst zu machen, welch schöne Dinge einem im Leben widerfahren. Indem wir eine Situation zu unseren Gunsten deuten, bereichern wir uns selbst. Geben wir unseren Tätigkeiten zusätzlich noch einen Sinn, wird sich das Glück immer und immer wieder zu uns legen und uns sanft umarmen, wie die wärmende Sonne beim Morgenrot.

Vielleicht denken Sie jetzt anders über Karma und Genetik, vielleicht betrachten Sie Ihre Fehler aus einer neuen Perspektive oder zeigen großes Verständnis für Freunde, Verwandte und (Un-)Bekannte. Was Sie auch gelernt haben mögen: Geben Sie dieses Wissen weiter und teilen Sie es mit Ihren lieben Mitmenschen. Empathie ist einer der kostbarsten Schätze, die der Mensch in sich trägt. *Das ABC des Mitgefühls* ist eine Chance, diesem Schatz Glanz zu verleihen …

Literatur

Barnow, S. (2015). *Gefühle im Griff! Wozu man Emotionen braucht und wie man sie reguliert* (S. 90). Heidelberg: Springer.

Berking, M. (2015). *Training emotionaler Kompetenzen* (S. 14). Heidelberg: Springer.

Betz, R. (2010). *Willkommen im Reich der Fülle. Wie du Erfolg, Wohlstand und Lebensglück erschaffst* (S. 57). Burgrain: Koha.

Coelho, P. (2007). *Unterwegs. Der Wanderer. Gesammelte Geschichten* (Der nächste Schritt auf dem spirituellen Weg). Zürich: Diogenes.

Creusen, U., & Müller-Seitz, G. (2012). *Das Positive-Leadership-GRID. Eine Analyse aus Sicht des Positiven Managements* (S. 93). Wiesbaden: Gabler.

Emoto, M. (2010). *Die Antwort des Wassers* (Bd. 1, S. 142). Burgrain: Koha.

Francis, D., Diorio, J., Liu, D., & Meaney, M. J. (1999). Nongenomic transmission across generations of maternal behavior and stress responses in the rat. *Science, 286*(5442), 1155–1158.

Jonas, K., Stroebe, W., & Hewstone, M. (Hrsg.). (2014). *Sozialpsychologie.* Berlin: Springer.

Klein, S. (2010). *Die Glücksformel oder Wie die guten Gefühle entstehen* (Kapitel Gene sind kein Schicksal). Reinbek: Rowohlt.

Tausch, R. (2011). Sinn in unserem Leben – bedeutsam für seelische Gesundheit, Leistungs- fähigkeit und Lebensqualität. In M. J. Ringlstetter, S. Kaiser, & G. Müller-Seitz (Hrsg.), *Positives Management: Zentrale Konzepte und Ideen des Positive Organizational Scholarship* (S. 115–131). Wiesbaden: Gabler.

6

Schluss

*Alles nimmt ein gutes Ende für den, der
warten kann.*

Leo Tolstoi

Einleitung

Das Kapitel „Schluss" soll das erworbene Wissen zusammenfassen und neue Aussichten vermitteln. Es versucht,
Ihnen deutlich zu machen, wie Sie sich von Gefühlen
wie Schuld und Hilflosigkeit, aber auch von beeinträch-
tigenden Gedanken an die Vergangenheit, von Fehlern
und Schwächen und einer generellen Unzufriedenheit ein
Stück weit frei machen können.

© Springer Fachmedien Wiesbaden 2017
A. Hüttner, *Das Ich kann!-Prinzip*,
DOI 10.1007/978-3-658-13215-6_6

Die folgenden Denkanstöße gleichen dabei einem Kochrezept, das Sie nun in Ihren Händen halten. Doch der wichtigste Teil geschieht allein durch Ihr Handeln: Nur Sie allein sind in der Lage, die Zutaten zu erwerben, das Gericht zu kochen und anzurichten. Dabei wünsche ich Ihnen viel Freude und natürlich … *bon Appetit!*

Schluss mit mangelndem Selbstbewusstsein

> Sobald du dir vertraust, sobald weißt du zu leben (Johann Wolfgang von Goethe).

Wie Sie bereits im Kapitel *Ich-Bereich* erfahren haben, stellt das Selbstbewusstsein einen wesentlichen Faktor für das Ich kann!-Prinzip dar. Darum werden hier bewährte Tipps aus der Psychologie gegeben, sodass es Ihnen gelingen kann, die Selbstakzeptanz zu erhöhen und ein gesundes Selbstbewusstsein zu entwickeln.

> **Attributionstheorie**
>
> Die „Attributionstheorie" von Heider (s. a. Weiner, zitiert nach Schwarzer 1992) besagt, dass jede Person den Ereignissen um sie herum eine Ursache zuschreibt („attribuiert") und dass dies jeweils in ähnlichen, beschreibbaren Mustern geschieht.

Forscher an psychologischen Instituten haben herausgefunden, dass verschiedene Menschen Erfolge und Misserfolge unterschiedlich „attribuieren", das heißt unterschiedlichen Eigenschaften zuschreiben. Beispielsweise publizierte Weiner 1986 Ergebnisse zu seinen Untersuchungen über Kausalattributionen. Diese unterscheidet er in „internal" und „external". Eine internale Kausalattribuierung liege vor, wenn eine Person die Ursache eines Ereignisses bei sich sieht. Dagegen liege eine externale Kausalattribuierung vor, wenn eine Person die Ursache eines Ereignisses bei anderen Personen oder Umwelteinflüssen sieht. Es heißt, Männer und Frauen mit einem hohen Selbstwert schreiben die Gründe für Erfolge sich selbst zu, für Misserfolge hingegen anderen.

Beispiel: Torerfolg attribuieren

Ein selbstbewusster Fußballspieler würde einen Torerfolg demnach sich selbst zuschreiben, weil er über einen tollen Schuss und eine großartige Spielübersicht verfüge („Das war super von mir!"). Bei einem Eigentor hingegen würde er den Rasen, die Zuschauer, die anderen Mitspieler oder die Fußballschuhe für den Fehlschuss verantwortlich machen („Das liegt alles nur am Rasen!").

Im Gegensatz dazu schreiben Menschen mit einem geringen Selbstwert die Misserfolge sich selbst zu, die Erfolge aber den anderen. Das heißt, um beim Beispiel zu bleiben, dass der wenig selbstbewusste Fußballer – seiner Ansicht nach – das Eigentor selbst zu verschulden hat („Das ging auf meine Kappe!"); ein Torerfolg aber ist auf die schwache Leistung des gegnerischen Torwarts, das passgenaue Zuspiel des Mitspielers oder die akribische Verarbeitung der Fußballschuhe zurückzuführen („Den Treffer hätte ja jeder gemacht!").

Wenn wir unser mangelndes Selbstbewusstsein ad acta legen wollen, sollten wir versuchen, uns nicht länger unter

Wert zu verkaufen. Mancher Erfolg fällt in unseren Ich-Bereich und das sollten wir auch anerkennen. Zudem ist mancher Misserfolg nicht auf unser Unvermögen, sondern auf den Nicht-Bereich zurückzuführen. Dafür brauchen wir keine Verantwortung übernehmen, schließlich haben wir keine Macht über den Nicht-Bereich. Wie sollten wir da für ihn verantwortlich sein?

Es ist wichtig, dass wir uns bei der Attribution von Erfolgen und Misserfolgen möglichst nahe an den objektiven Gegebenheiten orientieren. Trotzdem ist es besser, sich den ein oder anderen Erfolg zu viel sich selbst zuzuschreiben als zu wenig und den ein oder anderen Misserfolg zu wenig als zu viel. Denn Myers (2014) führt an, dass selbstwertdienliche Verzerrungen für unser Selbstvertrauen sorgen, Schutz vor Angst und Depression bieten und unser Wohlbefinden bewahren. Die Brille auf Ihrer Nase darf daher ein wenig rosa getönt sein.

Merksatz

Für ein hohes Selbstbewusstsein sollten Sie sich viele Erfolge selbst zuschreiben. Die Brille auf der Nase darf ein wenig rosa getönt sein.

Wenn wir uns zudem ein persönliches Puzzle (vgl. Kap. 5) erstellen, können wir guten Mutes sein, schon bald über ein gesundes Selbstbewusstsein zu verfügen. Das persönliche Puzzle zeigt uns in einem Bild, welche Stärken wir besitzen, welche Leistungen wir vollbracht haben und über welche Fähigkeiten wir verfügen. Sobald uns das aus dem Sinn kommt, brauchen wir lediglich das Bild anzuschauen und schon wird unser Gedächtnis aufgefrischt.

Es geht nicht darum, ob wir besser sind als andere. Es geht auch nicht darum, ob wir etwas noch besser machen können. Es geht nur darum, zu sagen, dass wir gut sind, wie wir sind. Und voller Selbstbewusstsein können wir uns zugestehen:

So, wie wir sind, haben wir einen Platz in dieser Welt. Nur wir selbst können diesen Platz ausfüllen und diesem Platz gerecht werden.

Fragen

- Für welche Erfolge in Ihrem Leben sind Sie verantwortlich?
- Für welche Misserfolge in Ihrem Leben tragen Sie keine Verantwortung?
- Können Sie diese Misserfolge dem Nicht-Bereich zuordnen und akzeptieren?
- Können Sie Ihr persönliches Puzzle annehmen und Ihr Selbstbewusstsein stärken?

Schluss mit Hilflosigkeit

Entfachen Sie ein Feuer, anstatt Brände zu vermeiden.

Wiegand (2009) beschreibt in ihrem Artikel *„Hilflosigkeit als Krankheitsursache"*, dass Hilflosigkeit ein ganz normaler Zustand sei, „in dem sich jeder Mensch auf dem Weg zur Individuation immer wieder befindet". Dies könne in verschiedenen Situationen auftreten, beispielsweise bei einem neuen Problem, bei einem Wechsel des Wohnorts oder des Arbeitsplatzes, aber auch beim Kennenlernen eines neuen Partners oder Verhaltensweise. Nach Wiegand ist „jede Form von Veränderung [...] mit dem Gefühl von Hilflosigkeit verbunden". Insbesondere Menschen, welche unter schweren Störungen leiden, seien von einem hohen Hilflosigkeitsfaktor betroffen – dieser verhindere, sich auf Veränderungen einzulassen.

Hilflos fühlen wir uns nicht nur bei jeder Form von Veränderung, sondern auch dann, wenn wir glauben, dass unser Handeln nicht die erwünschte Auswirkung hat: Seligman und Kollegen entwickelten in den 1960er-Jahren das Konzept der „gelernten Hilflosigkeit", das heute als psychologisches Konzept zur Erklärung von Depressionen dient. Demnach entstehe Hilflosigkeit, indem ein Patient bestimmte negative Erfahrungen nicht durch eigenes Verhalten vermeiden könne. Wenn diese unabhängig von der eigenen Reaktion auftreten, lerne der Patient, dass das eigene Verhalten keine Rolle spiele – und folglich resigniere. Daraus resultiere die Erwartung, dass er auch zukünftig in entsprechenden Situationen keinen Einfluss habe, was bis hin zur Depression führen könne.

Hierbei ist es wichtig, zu unterscheiden, in welchem Bereich wir uns aufhalten. Wenn durch eigenes Verhalten negative Erfahrungen nicht vermieden werden können, so gehört das in den Nicht-Bereich. Den Nicht-Bereich können wir nicht verändern, hier können wir nichts ausrichten. Das mag sicherlich trotzdem belastend sein, doch hier haben wir die Möglichkeiten zu Annahme und Akzeptanz (vgl. Kap. 3).

Neben dem Erlebnis der Hilflosigkeit ist laut Seligman auch die Kausalattribution von Bedeutung (vgl. *Schluss mit mangelndem Selbstbewusstsein*). Wenn der Patient das Gefühl der Hilflosigkeit „internal" attribuiert, sich dieses selbst zuschreibt, wird das Selbstwertgefühl beeinträchtigt. Die Hilflosigkeit wird dann als persönliches Versagen aufgefasst und erhöht die Gefahr einer Depression. Ist das Individuum jedoch der Meinung, auch andere Personen besäßen in dieser Situation keinerlei Kontrollmöglichkeit, bezeichnet man dies als „externale" Attribution – in diesem Falle spricht man von einer „universellen Hilflosigkeit". Seligman geht davon aus, dass nur die internale Attribution (das Gefühl der selbstverschuldeten Hilflosigkeit) das Selbstwertgefühl beeinträchtigt.

Dies ist für unser Modell besonders von Bedeutung. Denn eine „selbstverschuldete Hilflosigkeit" (vgl. *Schluss mit Schuld*) ist immer auf den Ich-Bereich zurückzuführen. Da sie „selbstverschuldet" ist, muss sie verändert werden können. Das bedeutet auch, dass wir dazu imstande sind, uns aus der Hilflosigkeit zu befreien. Dagegen braucht uns die „universelle Hilflosigkeit" keine Sorgen zu bereiten. Nach Seligman beeinträchtigt sie unser Selbstwertgefühl nicht. Da sie im Nicht-Bereich stattfindet, hieße das, unser Verhalten bliebe ohnehin wirkungslos – ganz gleich, wie sehr wir uns bemühten.

Dem entgegengesetzt zeigt jedes Handeln, das nicht anderen Bedingungen unterliegt, Wirkung. Im Ich-Bereich zu bleiben, bedeutet, sich von anderen Bedingungen zu lösen.

Beispiel: Den Hunger stillen

Wenn ich Hunger verspüre, stehe ich auf, gehe an den Tisch und greife mir ein Obststück aus der Obstschale, das ich dann verzehre. Mein Hunger wird durch mein Handeln beendet. Sollte ich aber stattdessen erwarten, dass man mir etwas kocht, so mache ich das Stillen meines Hungers von anderen Bedingungen abhängig: Ich benötige eine Person, die gewillt ist, meiner Erwartung nachzukommen. Kommt sie dieser nicht nach, kann das Gefühl von Hilflosigkeit entstehen: Ich habe etwas erwartet, das so nicht erfüllt wurde. Die andere Person hilft mir nicht, mein Handeln bleibt wirkungslos.

Geschieht dies sehr, sehr häufig, kann sich über die Dauer vieler Jahre das Gefühl einschleichen, als sei mein Handeln immer wirkungslos. Das Zentrale dabei ist: Ob das Handeln wirkungslos bleibt oder nicht, bestimme nicht ich, sondern es ist fremdbestimmt. Wir legen unser Schicksal in die Hände anderer. Dies bleibt auch so, solange wir nicht beginnen, uns auf unseren Ich-Bereich zu fokussieren.

Merksatz

Wenn wir keine Bedingungen an andere stellen, so sind wir auch nicht davon abhängig, dass sie erfüllt werden.

Nicht jeder ist in der glücklichen Lage, keine Bedingungen an andere stellen zu müssen. Falls man aus verschiedenen Gründen auf die Hilfe anderer zurückgreifen muss, so kann man sich auch hierbei weiterhin frei fühlen: Indem wir uns vergegenwärtigen, dass zwar bestimmte Konsequenzen von anderen abhängig sind, doch niemals wir selbst. Ein Blick auf unseren Ich-Bereich kann uns unsere Freiheit vergegenwärtigen. Wenn ich von einem Mitmenschen erwarte, dass er mein Essen zubereitet, er aber meiner Erwartung nicht nachkommt, so kann ich Folgendes erkennen: Ich habe erwartet, dass man mein Essen zubereitet. Ich habe höflich danach gefragt. Ich habe das Notwendige getan, um ein erwünschtes Ergebnis zu erreichen. Doch in diesem Falle bestimmt letzten Endes der Nicht-Bereich (in Form meines Mitmenschen), ob das erwünschte Ergebnis zustandekommt oder nicht. Der Nicht-Bereich verläuft nicht immer nach unseren Wünschen und Vorstellungen: Was darin geschieht oder auch nicht, unterliegt nicht unserer Macht. Wir wirken lediglich auf unseren Ich-Bereich. Diesen können wir verändern: Wir können noch freundlicher bitten, wir können aber vielleicht auch eine andere Person bitten, eine Gegenleistung anbieten etc. Sind wir aber der Meinung, dass unser Ich-Bereich schicklich ist, warum sollten wir ihn dann verändern?

Es ist von immenser Wichtigkeit, dass wir uns bewusst machen, dass wir Einfluss auf unseren Ich-Bereich haben. Damit beenden wir die sogenannte „selbstverschuldete Hilflosigkeit". Als kleine Übung können Sie abends überlegen, welche Worte sie gesagt, welche Wünsche Sie gehegt, welche Gedanken Sie gedacht, welches Verhalten Sie gezeigt und welche Erwartungen Sie gestellt haben. All das ist Ihr Ich-Bereich, all das können Sie verändern, können Sie beeinflussen.

Merksatz

Die Möglichkeit der Veränderung impliziert, dass wir stets eine Möglichkeit zur Besserung einer Situation haben.

Abschließend lässt sich sagen: Wir brauchen uns nicht hilflos zu fühlen, denn Hilflosigkeit findet immer im Nicht-Bereich statt. Dem gegenübergestellt liegt der Ich-Bereich in unserer Hand – wir können uns fragen, ob wir mit ihm zufrieden sind oder nicht, ob wir ihn ändern möchten oder nicht. Je nach Wunsch können wir ihn jederzeit ändern, deshalb haben wir auch die Möglichkeit, unsere Situation zu verbessern.

Fragen

- Welche Hilflosigkeit ist „selbstverschuldet"? Wie können Sie sie ändern?
- Welche Hilflosigkeit ist „universell"? Wie können Sie sie annehmen?
- Welche Bedingungen müssen Sie an andere stellen? Auf welche können Sie verzichten?
- Welche Feuer möchten Sie in Ihrem Leben entfachen?

Schluss mit Unzufriedenheit

Beklage dich nicht über die Dunkelheit. Zünde eine Kerze an (Konfuzius).

Auch die Unzufriedenheit soll der Vergangenheit angehören. Doch wie kann dies erreicht werden?

Auf den vorherigen Seiten haben wir gelernt, dass man alles ändern kann, was im Ich-Bereich liegt. Lediglich auf die Dinge, welche im Nicht-Bereich liegen, haben wir keinen Einfluss. Um Zufriedenheit (zurück) zu erlangen, sind zwei Schritte nötig:

- Wir müssen alle Dinge, die uns unzufrieden machen und im Ich-Bereich liegen, ändern – sie in Dinge, die uns zufrieden machen, umwandeln. Dies ist möglich, denn sie liegen im Ich-Bereich und niemand anderes als wir selbst ist hierfür verantwortlich. Das bedeutet auch, dass nur wir selbst Macht und Einfluss über unseren Ich-Bereich haben – und nur wir dazu imstande sind, ihn zu verändern.

- Zweitens müssen wir alle Dinge, die uns unzufrieden machen und im Nicht-Bereich liegen, akzeptieren – denn diese Dinge können wir nicht ändern. Alles, was im Nicht-Bereich liegt, kann nicht durch uns geändert werden. Zwar obliegt der Nicht-Bereich permanenter Veränderung, doch wir haben darauf keinen Einfluss. Daher ist eine vollkommene Akzeptanz notwendig: in guten wie in schlechten Zeiten.

Mag uns der Nicht-Bereich gute oder schlechte Nachrichten überbringen, uns vor leichte oder schwere Aufgaben stellen – wir können ihn ja doch nicht ändern. Wollen wir der Unzufriedenheit „Adieu" sagen, ist es wichtig, dass wir den Nicht-Bereich uneingeschränkt annehmen. Zum anderen sollten wir das ändern, „was zu beklagen ist". Zu beklagen sind nur jene Dinge, die wir ändern können – der Ich-Bereich. Wir sollten den Ich-Bereich so gestalten, dass wir nicht länger über ihn zu klagen brauchen. Wir dürfen uns im Ich-Bereich wohlfühlen und sagen, dass wir mit ihm zufrieden, vielleicht sogar glücklich sind.

Einige Ereignisse rauben uns dennoch unsere Zufriedenheit und versetzen uns in „Stress". Sollten Sie zu dieser Sorte Mensch gehören, die sich häufig gestresst fühlen, hilft Ihnen vielleicht ein kleiner Exkurs: Das Transaktionale Stressmodell von Lazarus und Folkman (1984) besagt, dass wir uns weniger durch die Ereignisse selbst als vielmehr durch unsere Bewertungen „gestresst" fühlen. Sie müssen wissen, dass die Bewertungen immer in unserem Kopf stattfinden – im Ich-Bereich. Diese können wir verändern, an diesen können wir arbeiten. Ich bin davon überzeugt, dass es sich mit der Unzufriedenheit ähnlich verhält. Nicht die Dinge selbst machen uns unzufrieden, sondern unsere Meinungen und Urteile über sie (angelehnt an Epiktet, vgl. Kap. 5, *„Bereichern Sie sich selbst"*).

Es kann sehr schwerfallen, den Ich-Bereich – in Form unserer Bewertungen, Meinungen und Urteile – zu verändern. Das schränkt unsere Zufriedenheit stark ein und wir fühlen uns schnell unglücklich. Des Weiteren kann die Erfahrung, dass man die angestrebte Änderung nicht umsetzen kann, belastend und entmutigend sein. Das kann ich auch bei mir immer wieder feststellen. In diesen Momenten habe ich gelernt, dass es sehr hilfreich ist, das „Spotlight" zu verstellen: Anstatt unsere Unzulänglichkeiten zu betrachten und daran zu verzweifeln, schauen wir unsere Stärken an. Denn wenn wir unseren Ich-Bereich verändern wollen, brauchen wir Kraft.

Den Nicht-Bereich gänzlich anzunehmen, kann ebenfalls sehr anstrengend sein. Diese Energie fällt selten als Geschenk vom Himmel. Hin und wieder tun wir gut daran, uns diese selbst zu geben. Sobald wir das betrachten, was wir in unserem Leben schon gelernt haben, was wir schon geleistet und anderen Menschen ermöglicht haben, stärkt uns das. Ein Blick zurück zeigt uns, welchen Weg wir schon bewältigt haben. Er kann Ausdruck unserer Lebensfreude, Umriss unseres Wohlgefallens sein. Dies schenkt uns Mut und voller Elan schauen wir wieder nach vorne – auf das Ziel, Zufriedenheit zu erlangen.

Fragen

- Worüber klagen Sie häufig?
- Können Sie das Beklagte verändern?
- Was kann Ihnen helfen, vom Klagenden zum Handelnden zu werden?
- Welche Schritte auf dem Weg zum Glück sind Ihnen schon gelungen? Wo haben Sie Unzufriedenheit in Zufriedenheit verwandelt?

Schluss mit Vergangenheit

Was einmal war, ist, wenn man es nicht gehen lässt.

Wenn wir im Hier und Jetzt, in der Gegenwart leben möchten, so ist es unabdingbar, die Vergangenheit zu beleuchten und alles Ungeklärte zu klären, um es dann abzuschließen. Hegen Sie noch Groll gegenüber einigen Menschen? Wünschen Sie sich manchmal, in einer bestimmten Situation anders gehandelt zu haben? Trauern Sie vergebenen Möglichkeiten hinterher? Was sind die Dinge, die Sie abends nicht einschlafen lassen? Und woran

denken Sie, wenn Sie aufwachen? „Hätte ich doch nur …"
Was folgt auf diese Phrase? Es ist wichtig, dass wir den
vollständigen Satz anschauen, damit wir wissen, was noch
ungeklärt ist.

Ungeklärtes

Alles Ungeklärte gleicht einer offenen Mülltonne, die noch
in der Wohnung steht. Mag der Müll auch fein säuberlich
sortiert worden sein und in der Tonne liegen, so wurde die
Tonne noch immer nicht nach draußen gebracht. Sie steht
noch in der Wohnung und mit ihr der Müll, der, je länger er
steht, das Wohnen desto unangenehmer macht.

Auf diesen Seiten geht es darum, vom *Denker* zum *Handelnden* zu werden. Wir müssen aktiv werden, müssen
handeln, um den Müll nach draußen zu befördern und
uns das Wohnen wieder angenehm zu gestalten.

Eckhard Tolle (2010), spiritueller Lehrer und Autor,
sagt: „Was du mit Vergangenheit bezeichnest, ist eine in
deinem Verstand aufbewahrte Erinnerung an ein früheres
Jetzt." Das frühere Jetzt ist vorbei, deshalb können wir das
Vergangene abschließen. Ich möchte im Rahmen hiervon
eine Fallgeschichte aus meinen Therapien wiedergeben,
weil sie ein gutes Beispiel dafür ist, welche Schwierigkeiten
aufkommen können, wenngleich die Ursache weit zurück
liegt; aber auch, weil sie zeigt, dass sich immer wieder
ungeahnte Möglichkeiten auftun:

Alessandro (Info: Name geändert) berichtete, dass er
ein sehr ambivalentes Verhältnis zu seiner Mutter hätte.
Die Gefühle zu ihr wären von „Liebe und Hass zugleich"
geprägt und er wüsste nicht, woran das läge. Insbesondere,

wenn sie viel Zeit miteinander verbringen würden, fiele er in Muster zurück, die an ein kindliches Verhalten erinnerten. Er sprach von einer unbändigen Wut, die in solch Momenten die Kontrolle übernahm und ihn zu Reaktionen verleitete, die ihm selbst hinterher sehr, sehr leid täten. Für ihn wäre das unerklärlich, denn er würde seine Mutter nicht verletzen wollen.

Daraufhin fragte ich gezielt nach prägenden Situationen in seiner Kindheit, doch es schien, als habe er die Tür dorthin verschlossen und eine Betonmauer davor gebaut. Doch Reinhard Mey singt in seinem Lied *Weißt Du noch, Etienne?* „Man schließt nur weg, man vergisst nichts". Deshalb schlug ich Alessandro vor, eine Therapiesitzung mit ihm und seiner Mutter zu vereinbaren, denn seine Mutter könne möglicherweise zum Verständnis seines Verhaltens beitragen. Zudem sei sehr interessant, wie sie diese heftigen Auseinandersetzungen mit ihm bewerte und wie es ihr dabei erging. Er willigte ein und wir konnten uns auf einen Termin einigen.

Was folgte, war eine der bewegendsten und lehrreichsten Therapiesitzungen, die ich je erleben durfte: Alessandros Mutter konnte sehr viel Licht ins Dunkel bringen. Sie schilderte Vorfälle, an die sich Alessandro nicht mehr erinnern konnte, die er offensichtlich verdrängt hatte. All jene Situationen lösten in ihm starke emotionale Reaktionen hervor, dabei lagen sie schon sehr lange zurück. Die weisen Worte Reinhard Meys (s. o.) verdeutlichen, warum uns tief greifende Momente lange noch bewegen, obwohl wir uns gar nicht bewusst an sie erinnern. Alessandro erfuhr das am eigenen Leibe. Er konnte sogar einige Schilderungen seiner Mutter überhaupt nicht begreifen, weil er all jene schmerzhaften Erlebnisse dermaßen stark verdrängt hatte, dass sie ihm fremd und unwirklich erschienen.

Erst nach knapp drei Stunden war die Sitzung beendet. Es brauchte diese Zeit, denn es gab viel aufzuarbeiten. Dank diesem offenen und ehrlichen Gespräch konnte vieles, was zuvor unverständlich schien, geklärt werden. Doch das Besondere dabei war: Dadurch, dass Alessandro sich mit seiner Vergangenheit konfrontiert hatte, verbesserte sich auch seine Gegenwart. Das Verständnis, das er in jener Sitzung gewinnen konnte, besänftigte seine immer wiederkehrende, kindliche Wut.

Merksatz

Das frühere Jetzt ist vorbei, deshalb können wir das Vergangene abschließen.

Ein Gespräch zu führen, ist nur *eine* Möglichkeit des Aktiv-Werdens: Wir können auch einen Brief schreiben, wir können andere Handlungen unternehmen, um den Kreis wieder zu schließen. Aber wir müssen aus dem bloßen Denken heraustreten und tätig werden. „*Wer sich selbst nicht bewegt, kann auch nichts bewegen*" (Ralf S. Kassemeier). Es ist nicht wichtig, immer etwas zu bewegen. Doch in diesem Falle ist es die Voraussetzung, um Vergangenes abzuschließen. Denn die Steine der Vergangenheit müssen bewegt und fortgeräumt werden, damit wir unseren Weg fortsetzen können, oder den Kreis schließen, um einen neuen zu beginnen.

Wann ist der richtige Zeitpunkt, um aktiv zu werden? Gibt es denn überhaupt einen richtigen Zeitpunkt? Ist nicht jeder Zeitpunkt, der verstreicht, eine vergebene Möglichkeit, die man hätte nutzen können, um die offenen Kreise zu schließen? Vielleicht helfen wir uns, indem wir fragen: Welche Kreise sind offen? Welche möchten wir hiervon schließen? Bis wir uns irgendwann fragen können: Wie lange möchten wir noch weiter fragen, ehe wir dem Fragenmeer entsteigen und handeln?

Die Vergangenheit symbolisiert ein Stück weit den Nicht-Bereich: Denn all das, was in der Vergangenheit liegt, können wir nicht beeinflussen. Wir sind dieser Vergangenheit gewissermaßen hilflos ausgesetzt. Nichtsdestotrotz haben wir die Möglichkeit, uns entweder gegen sie zu wehren – was aber einem „Windmühlenkampf" gleicht, in welchem wir die Rolle Don Quijotes einnehmen – oder sie anzunehmen und zu akzeptieren. Dadurch finden wir einen Weg, mit der Vergangenheit zu leben, und machen uns das Leben deutlich einfacher. Ihr einen „Raum" zu geben – in uns, unserem „Haus". In diesem Kontext können Sie sich ins Gedächtnis rufen: Dem Wetter können wir entfliehen, unserer Vergangenheit aber nicht. Diese tragen wir mit uns, ob in Deutschland, am Mittelmeer oder in den Staaten, sie ist und bleibt ein Teil von uns. Diesen gilt es, zuzulassen und willkommen zu heißen in unserem „Haus".

Punkt 0

Folgender Gedanke kann es uns stark vereinfachen, die Vergangenheit so zu akzeptieren, wie sie ist: Wenn wir in einem Augenblick glücklich sind (ich nenne das „Punkt

0"), liegt das daran, weil die Vergangenheit so war, wie sie war. Wäre nur eine Winzigkeit anders gewesen, wäre jeder nachfolgende Augenblick möglicherweise (denn wir können niemals sagen, was wäre, wenn …) ebenfalls anders gewesen. Das heißt, dass wir nur deshalb in diesem Augenblick glücklich sind, weil auch alle Schwierigkeiten und Probleme (die wir einst verfluchten) uns in unserem Leben heimsuchten. Darum sollte es uns sehr leichtfallen, in einem schönen Moment die Vergangenheit zu segnen und ihr sogar zu danken. Sie anzunehmen, müsste mit diesem Wissen sehr leichtfallen.

Schwieriger wird es, dasselbe auch in unglücklichen Momenten umzusetzen. Auch mir misslingt das häufig. Schon beginne ich zu hadern und mir die Vergangenheit anders zu wünschen, das „Ach, hätte ich doch …" kommt mir in den Sinn. Wenn es mir bewusst wird, merke ich, dass ich genau das mache, von dem ich weiß, dass es mich unglücklich macht. Alleine diese Erkenntnis hilft mir meist, mich von all den „schäumenden Träumen" zu lösen, mich auf das Hier und Jetzt zu konzentrieren und in Vorfreude auf den nächsten glücklichen Augenblick, den nächsten Punkt 0, der Vergangenheit zu danken.

Fragen

- Welche Geschehnisse in der Vergangenheit können Sie annehmen?
- Gegen welche Geschehnisse wehren Sie sich innerlich?
- Wann war der letzte „Punkt 0"?
- Können Sie mit dem Wissen des „Punkt 0" Ihre Vergangenheit segnen?
- Wie möchten Sie morgen über gestern denken?

Schluss mit Schuld

Verurteile niemanden, bevor Du nicht in seiner Lage warst (aus dem Talmud).

Das Konzept von Ich-Bereich und Nicht-Bereich soll auch dazu dienen, uns vom Schuldbegriff freizusprechen. Die Zuordnungen von Schuld und Sühne bringen uns nicht weiter, vielmehr hindern sie uns daran, weiterzukommen. Meines Erachtens nach sind wir gut beraten, wenn wir das kategorische Denken in „schuldig" und „unschuldig" verwerfen und uns vielmehr mit unseren Möglichkeiten, aber auch mit unserer Verantwortung, beschäftigen.

Zwei sehr unterschiedliche Wege können uns dorthin führen, sich und andere von Schuld zu befreien. Der erste Weg liegt darin, zu erkennen, dass Schuld immer auf Vergangenheit beruht. Wir fühlen uns beispielsweise schuldig, weil wir unrecht gehandelt haben. Die Handlung liegt zurück, sie ist bereits passiert, wir können sie nicht rückgängig machen. Haben Sie sich schon einmal für etwas schuldig gefühlt, das noch passieren wird? Ein Ereignis, das in der Zukunft liegt? Ich bin überzeugt, dass wir uns kaum für etwas schuldig fühlen, das zukünftig passieren wird. Schließlich können wir nicht wissen, was der Morgen bringt. Aber wir wissen, was hinter uns liegt, und daher erinnern wir uns daran, welche „Fehler" wir begangen haben, was wir alles „besser" hätten machen können.

Wenn wir uns von Schuld befreien möchten, so sollten wir erlernen, dass uns Schuld immer an die Vergangenheit kettet. Doch das Leben findet nie in der Vergangenheit statt. Dazu Tolle (2010): „Im Jetzt, in der Abwesenheit von Zeit, lösen sich alle Probleme auf. Leiden braucht Zeit; es kann im Jetzt nicht überleben." Nicht in der Vergangenheit sollen wir leben, sondern im Hier und Jetzt, in diesem Moment, diesem einzigartigen (!) Augenblick. Wenn wir im Jetzt leben, so ist auch kein Platz für Schuld.

Der zweite Weg, uns vom Schuldbegriff zu lösen, setzt einen anderen Umstand in den Mittelpunkt. Wem steht es zu, über Menschen (oder Tiere) zu richten? Sind wir Menschen imstande, Situationen derart zu überblicken, dass wir uns ein Urteil darüber erlauben dürfen? Ein Urteil, das weit über unseren Ich-Bereich hinausgeht?

Häufig nehmen wir Menschen uns diese Freiheit, das Urteil zu sprechen, weil wir meinen, Dinge dadurch zu vereinfachen; ja, vielleicht sogar, dass dieses Denken in Schwarz („schuldig") und Weiß („unschuldig") der Gesellschaft dienlich sei. Diesen Nutzen möchte ich mit Ihnen gemeinsam hinterfragen. Welchen Nutzen erhoffen wir uns von „Schuld" und „Unschuld"? Was passiert mit uns, wenn wir andere „schuldig" und uns „unschuldig" sprechen? Eine genaue Analyse von „Schuld" und „Unschuld" kann uns dabei helfen, die Auswirkungen dieser auf unseren „Ich-Bereich" zu beleuchten.

In meinen Therapiestunden als Psychotherapeut habe ich folgende banale, aber dennoch wichtige Erkenntnis gewonnen: *Eine Person, der es schlecht geht, handelt auch „schlecht". Eine Person, der es gut geht, handelt „gut".* Da ich nicht direkt von „gut" und „schlecht" reden möchte, sind diese Wörter in Anführungsstrichen geschrieben. Ich nutze diese Wörter hier, damit Sie mich besser verstehen und wissen, was damit gemeint ist. Eine weit verbreitete Meinung ist, dass es „schlecht" ist, jemanden zu töten, aber „gut", jemandem zu helfen. An dieser Stelle ist es wichtig, dass wir nicht nur die Tat betrachten, sondern den Fall ganzheitlichen betrachten: Eine Person, die jemanden ermordet, leidet selbst enorm. Sie kann von Ängsten besetzt sein, kann unter Paranoia oder Depressionen leiden, körperlich schwer krank sein … jedenfalls leidet die Person bereits vor der Tat. Ansonsten hätte sie diesen Mord nicht begangen. Ich habe viele „Täter" und „Opfer" besser kennengelernt und dabei festgestellt, dass es (leider?) nicht so einfach ist. Wer zum „Täter" wurde, war auch schon häufig „Opfer". Wobei ich nicht sagen kann, dass ich die Erfahrung gemacht habe, dass alle „Opfer" auch schon „Täter" waren. Ob das so ist, weiß ich nicht. Es mag plausibel erscheinen, dennoch könnte ich das aufgrund meiner Erfahrungen nicht zweifelsfrei bestätigen. Außerdem ist es gefährlich, die „Opfer" gleich als „Täter" hinzustellen: Dann machen wir sie gewissermaßen „schuldig" für das, was ihnen angetan wurde. Schuldzuweisungen helfen an dieser Stelle aber keinesfalls weiter. Schöner empfinde ich es, beide von der Schuld freizusprechen und ihnen zu helfen: verstehen statt verurteilen – geben statt nehmen.

> **Merksatz**
>
> Handelt eine Person schlecht, geht es ihr meist auch schlecht.
> Handelt eine Person gut, geht es ihr meist auch gut.

Im Umgang mit Schuldgefühlen empfiehlt uns Tepperwein (2014) zu erkennen, dass es im Grunde keine wirkliche Schuld gebe. Wir alle würden zwar Fehler machen, doch diese resultierten aus einem Mangel an Können, Verstehen oder Wollen. „Sie müssen in jedem Fall Ihr Unterbewusstsein davon überzeugen, dass Sie entweder keine Schuld trifft oder gegenteiligenfalls Ihr Möglichstes getan haben, um eine bestehende Schuld zu begleichen", dies befreie von der quälenden Selbstbestrafung. Mir scheint es, als würde in den Medien ein anderes Bild vertreten werden: Dort gibt es die „Guten" und die „Schlechten", die „Guten" sind lieb und unschuldig, die „Schlechten" hingegen handeln in böser Absicht und machen sich somit schuldig. Das macht die Dinge sehr einfach: Man findet schnell einen Verantwortlichen, man kann jemanden schuldig und einen anderen freisprechen und man muss sich in niemanden hineinversetzen, um all diese Komplexität zu begreifen.

Andere nicht mehr schuldig zu sprechen, ist die eine Seite der Medaille. Die zweite ist, sich selbst nicht länger schuldig sprechen zu lassen. Nicht selten wollen andere uns für etwas „schuldig machen". Wie sollen wir damit umgehen? Meines Erachtens tun wir gut daran, wenn wir das als „Angebot" sehen – nicht mehr, aber auch nicht weniger. Natürlich sollten wir dieses „Angebot" ablehnen und uns nicht „schuldig" sprechen lassen. Nicht in den Kategorien „schuldig" und „unschuldig" zu denken und sprechen, bedeutet auch, sich selbst davor zu schützen. In diesem Falle kann man sagen, dass etwas aus dem Nicht-Bereich an den Ich-Bereich herangetragen wird. Doch in den Ich-Bereich wird lediglich das aufgenommen, was aufgenommen werden soll – Schuldzuweisungen zählen definitiv nicht dazu. Somit lassen wir diese Schuldzuweisungen im Nicht-Bereich und lehnen sie schlicht ab. Nicht jedes Angebot muss angenommen werden, wir entscheiden immer selbst, was wir haben möchten und was nicht.

Wenn wir (an-)erkennen, dass wir über niemanden richten sollten und es uns somit nicht erlaubt ist, von Schuld oder Unschuld zu sprechen, bringt uns das dem „Ich-Bereich" näher. Nach Tepperwein bedarf es einer liebevollen Aufmerksamkeit gegenüber dem eigenen Unterbewusstsein, um einen Schuldkomplex aufzulösen. Wir können uns demnach in Liebe auf uns selbst fokussieren und brauchen uns nichts anzumaßen, was ohnehin vermessen wäre: Urteile über andere zu fällen.

Dieser Weg erlaubt es uns, uns auch dauerhaft von Schuld und Schuldzuweisungen, von Sühne und Buße zu befreien, einen weiteren Schritt raus aus der Vergangenheit in die Augenblicke der Gegenwart setzen. Hier. Und jetzt.

Fragen

- Welche Schuldgefühle haben Sie?
- Wie definieren Sie „Schuld"?
- Können Sie die Angebote, dass Sie schuldig seien, ablehnen?
- Welchem Bereich Ihres Unterbewusstseins können Sie liebevolle Aufmerksamkeit schenken?

Schluss mit Fehlern und Schwächen

Die schlimmsten Fehler werden gemacht in der Absicht, einen begangenen Fehler wieder gut zu machen (Jean Paul).

Rosensamen

W. Timothy Gallwey (2012) beschreibt, dass wir einem Rosensamen einräumen, klein, wurzellos und ohne Stamm zu sein. Wir wissen, was ein Rosensamen benötigt und geben ihm sowohl die nötigen Nährstoffe als auch das Wasser. Geduldig warten wir, bis die ersten Knospen wachsen und die Rose nach und nach ihre volle Schönheit entfaltet. Die Rose scheint sich nach Gallwey „ständig zu wandeln, doch in jeder Entwicklungsphase, in jedem einzelnen Augenblick ist sie vollkommen – so, wie sie ist".

Ich habe bereits beschrieben, warum es „Fehler" meiner Ansicht nach nicht gibt (vgl. Kapitel *Das Hirngespinst namens Fehler*). Doch wer immer wieder darunter leidet, zu meinen, einen „Fehler" begangen zu haben, dem kann Gallweys Analogie sehr hilfreich sein. Ebenso ist sie ein schönes Bild dafür, Schwächen zu akzeptieren. Denn all diejenigen Dinge, die wir in einem Moment nicht erbringen konnten, sind vielleicht nur ein Hinweis darauf, dass wir noch nicht die schöne, farbenprächtige Rose sind, sondern uns noch in einer Art Metamorphose befinden. Wir wandeln uns, lernen manches dazu, vergessen anderes. Wollen wir eine Rose werden, so dürfen wir weder am Samen noch an der Knospe festhalten. Des Weiteren müssen wir uns die Zeit geben, die benötigt wird, um so groß und schön zu werden.

All unsere Schwächen als „Samenkörner" zu betrachten, hilft uns, uns von selbstverurteilenden Gedanken zu befreien. Gibt man dem Samenkorn Nährstoffe, Wasser und Zeit, so kann aus ihm eine Rose werden – die Schwäche sich in eine Stärke verwandeln. In den meisten Fällen wird der Nährstoff für die nötige Übung und Ausdauer stehen, das Wasser für die Freude und Liebe in der Ausführung. All dies liegt in unserem Ich-Bereich und unterliegt somit direkt unserem Einfluss. Wir können jederzeit an unseren Schwächen arbeiten, sofern wir das denn wollen.

Doch wer glaubt, dass aus jeder Schwäche eine Stärke werden muss, der irrt sich. Auch eine Rose beherrscht nicht alles und täte manchmal vielleicht gut daran, eine Knospe oder ein Samenkorn zu bleiben. Zumindest ihr Verwelkungsprozess läge dann noch in weiter Ferne …

Merksatz

Denken Sie immer daran: In jedem einzelnen Augenblick sind Sie vollkommen – so, wie Sie sind.

Fragen

- Welche Ihrer Schwächen kommt Ihnen spontan in den Sinn?
- Welche sind Sie leid?
- Welche würden Sie gerne zu Ihrer Stärke machen?
- Finden Sie den Nährstoff und schenken Sie dem Rosensamen das nötige Wasser. Die Zeit wird dann ihr Übriges tun.

Schluss mit dem Schluss

Der Ausgang lehrt, ob die Rose blüht oder der Dorn sticht (Sprichwort).

In diesem Buch haben Sie das nötige „Handwerkszeug" gelernt, um ein glücklicheres und erfüllteres Leben zu führen. Es freut mich sehr, dass Sie sich die Zeit genommen haben, dieses Buch bis hierhin zu lesen. Vielen Dank! Inzwischen sind Sie am Ende des Buches angelangt, weshalb sich unsere Wege hier trennen: Das Buch bleibt vielleicht im Regal liegen, sie aber gehen weiter in die Welt hinaus und entdecken neue Lebensfreuden. Das theoretische Wissen, das ich Ihnen diesbezüglich weitergeben konnte, haben Sie sich erfolgreich angeeignet, jetzt gilt es, dieses auch in die Praxis umzusetzen. Dazu müssen Sie das Buch zur Seite legen und weitere, eigene Erfahrungen machen – fortan immer wieder mit den geschulten Augen des Ich kann!-Spezialisten, der Sie nun sind.

Das Kapitel „Schluss" sollte dieses Buch abrunden, doch mit diesen letzten Sätzen endet es selbst. Und wenn der „Schluss" einen Schluss findet, heißt das, dass ein Neuanfang wartet – dieser Neuanfang können Sie sein. Sie, denn *Sie können!*

Literatur

Gallwey, W. T. (2012). *Tennis – Das innere Spiel. Durch entspannte Konzentration zur Bestleistung* (S. 46). München: Goldmann.

Lazarus, R. S., & Folkman, S. (1984). *Stress, appraisal, and coping.* New York: Springer.

Myers, D. G. (2014). *Psychologie.* Heidelberg: Springer.

Schwarzer, R. (1992). *Psychologie des Gesundheitsverhaltens.* Göttingen: Hogrefe.

Seligman, M. E. P. (1992). *Helplessness: On depression, development, and death.* San Francisco: Freeman.

Tepperwein, K. (2014). *Kraftquelle Mentaltraining – Die umfassende Methode, das Leben selbst zu gestalten* (Kapitel 2 Befreien Sie sich von Schuldgefühlen). München: Goldmann.

Tolle, E. (2010). *Jetzt! Die Kraft der Gegenwart* (S. 62–64). Bielefeld: Kamphausen.

Weiner, B. (1986). *An attributional theory of motivation and emotion.* New York: Springer.

Wiegand, T. (2009). Hilflosigkeit als Krankheitsursache. *Freie Psychotherapie, 2,* 23–25.

Printed in the United States
By Bookmasters